마이갓 5 Step 모의고사 공부법

1 
● **Vocabulary** 필수 단어 암기 & Test
① 단원별 필수 단어 암기 ② 영어 → 한글 Test ③ 한글 → 영어 Test

2 
● **Text** 지문과 해설
① 전체 지문 해석 ② 페이지별 필기 공간 확보 ③ N회독을 통한 지문 습득

3 
● **Practice 1** 빈칸 시험 (w/ 문법 힌트)
① 해석 없는 반복 빈칸 시험 ② 문법 힌트를 통한 어법 숙지
③ 주요 문법과 암기 내용 최종 확인

4
● **Practice 2** 빈칸 시험 (w/ 해석)
① 주요 내용/어법/어휘 빈칸 ② 한글을 통한 내용 숙지
③ 반복 시험을 통한 빈칸 암기

5
● **Quiz** 객관식 예상문제를 콕콕!
① 수능형 객관식 변형문제 ② 100% 자체 제작 변형문제 ③ 빈출 내신 문제 유형 연습

영어 내신의 끝
마이갓 모의고사 고1,2

1 등급을 위한 5단계 노하우
2 모의고사 연도 및 시행월 별 완전정복
3 내신변형 완전정복

영어 내신의 끝
마이갓 교과서 고1,2

1 등급을 위한 10단계 노하우
2 교과서 레슨별 완전정복
3 영어 영역 마스터를 위한 지름길

마이갓 교재
보듬책방 온라인 스토어 (https://smartstore.naver.com/bdbooks)

마이갓 10 Step 영어 내신 공부법

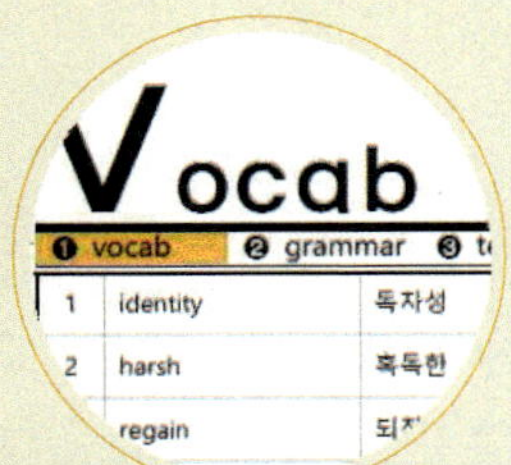

Vocabulary

필수 단어 암기 & Test
① 단원별 필수 단어 암기
② 영어 → 한글 Test
③ 한글 → 영어 Test

Grammar

단원별 중요 문법과 연습 문제
① 기초 문법 설명
② 교과서 적용 예시 소개
③ 기초/ Advanced Test

Text

지문과 해설
① 전체 지문 해석
② 페이지별 필기 공간 확보
③ N회독을 통한 지문 습득

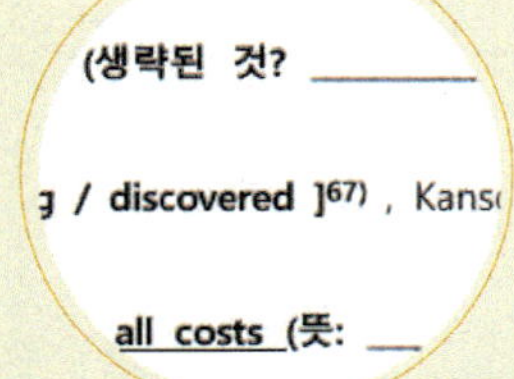

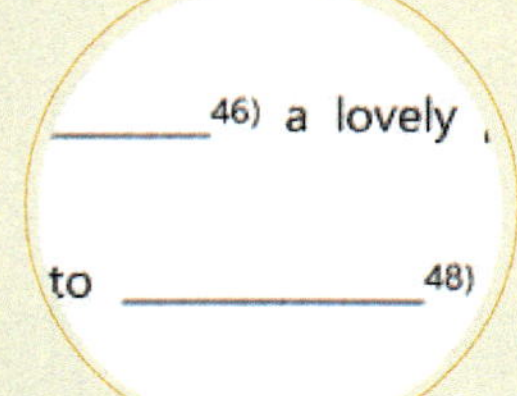

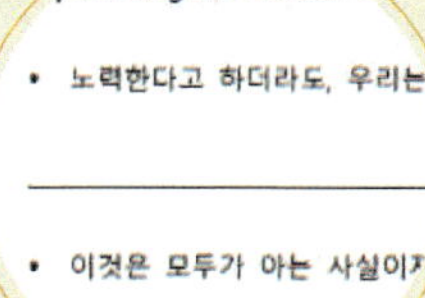

Practice 3

빈칸 시험 (w/ 해석)
① 주요 내용/어법/어휘 빈칸
② 한글을 통한 내용 숙지
③ 반복 시험을 통한 빈칸 암기

Practice 2

빈칸 시험 (w/ 해석)
① 주요 내용/어법/어휘 빈칸
② 한글을 통한 내용 숙지
③ 반복 시험을 통한 빈칸 암기

Practice 1

어휘 & 어법 선택 시험
① 시험에 나오는 어법 어휘 공략
② 중요 어법/어휘 선택형 시험
③ 반복 시험을 통한 포인트 숙지

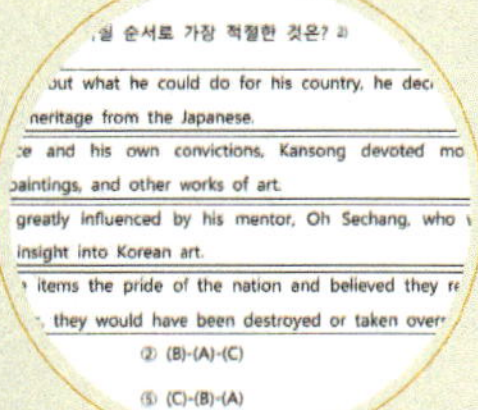

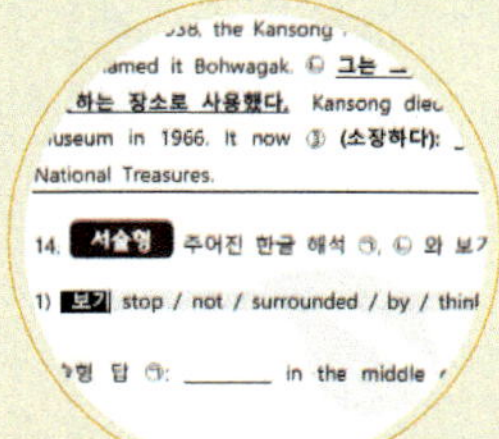

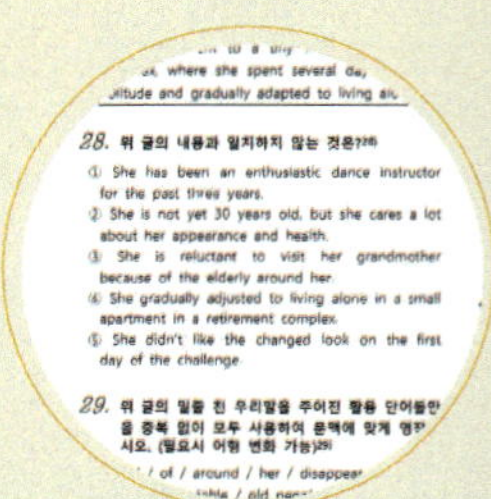

Quiz

객관식 예상문제를 콕콕!
① 수능형 객관식 변형문제
② 100% 자체 제작 변형문제
③ 빈출 내신 문제 유형 연습

Final Test

주관식 서술형 예상문제
① 어순/영작/어법 등
  주관식 서술형 문제 대비!
② 100% 자체 제작 변형문제

전체 영작 연습

직접 영작 해보기
① 주어진 단어를 활용한
  전체 서술형 영작 훈련
② 쓰기를 통한 내용 암기

학교 기출 문제

지문과 해설
① 단원별 실제 학교 기출
  문제 모음
② 객관식부터 서술형까지
  완벽 커버!

23년 고2
11월 모의고사

마
이
갓

연습과 실전 모두 잡는 내신대비 완벽
ㅣ workbook ㅣ

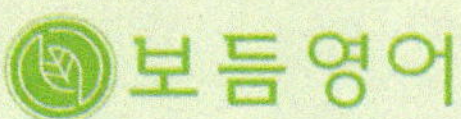

보듬영어

2023 고2

11월

WORK BOOK

2023년 고2 11월 모의고사 내신대비용 WorkBook & 변형문제

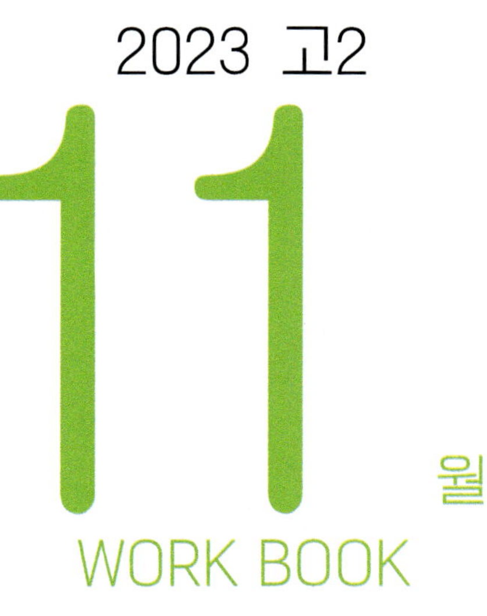

| ❶ voca | ❷ text | ❸ [/] | ❹ ＿＿＿ | ❺ quiz 1 | ❻ quiz 2 | ❼ quiz 3 | ❽ quiz 4 | ❾ quiz 5 |

18	inform ~ of ...	~에게 ...을 알리다		vanish	사라지다, 없어지다, 자취를 감추다
	ongoing	진행 중인, 계속되고 있는	20	include	포함하다, 포괄하다
	support	지지[지원]하다, 부양하다; 지지, 후원		a range of	다양한, 범위가 ~정도 되는
	constantly	지속적으로, 끊임없이		plant	(묘목 등을) 심다; 식물, 공장
	disrupt	방해하다, 교란[붕괴]시키다; 혼란된, 분열된		harvest	수확(물); 수확하다
	individual	개인; 개인의, 개별적인, 독특한		fertilize	비료를 주다, 수정시키다
	struggle to V	~하려고 애쓰다		pest	해충, 골칫거리
	bounce	튀다, 뛰어오르다; 튀어오름		management	관리, 경영(진)
	restrict	제한하다, 한정하다		raise	높이다, 올리다, 기르다, 제기하다; 인상
	affected	가장된, 꾸민, 감염된		distribute	퍼뜨리다, 분배하다, 유통하다
	appreciate	진가를 알아보다, 이해하다, 감사하다		date back	거슬러 올라가다
	assistance	도움, 지원		critical	중요한, 비판적인
19	rite of passage	통과 의례		development	발달, 발전, 성장
	tribe	부족, 종족, 집단		stable	안정된, 지속성이 있는; 마구간, 외양간
	survive	생존하다, 살아남다		supplies	저장품, 물품
	blindfold	눈을 가리다; 눈가리개		settle	해결[결정]하다, 정착하다, 진정시키다
	observe	관찰하다, 준수하다, (의견 등을) 말하다		vital	중대한, 활기 있는, 생명의
	dread	두려움, 공포; 두려워하다, 무서워하다		feed	먹이를 주다, 먹이다; 먹이
	sweep	휩쓸다, 청소하다, 일소하다		population	개체수, 인구수
	be about to V	막 ~하려고 하다		material	재료, 물질; 물질의, 육체의, 중요한
	give up	포기하다, (정보 등을) 드러내다		numerous	수많은, 다수의
	complete	완성[완료]하다; 완전한		scarcity	부족, 결핍
	presence	존재, 실재, 참석, 출현		degradation	저하, 악화
	regain	되찾다, 회복하다		biodiversity	생물의 다양성
	stability	안정, 안정성, 부동(성)		continue to V	계속 ~하다

Voca

❶ voca　　❷ text　　❸ [/]　　❹ ＿＿＿　　❺ quiz 1　　❻ quiz 2　　❼ quiz 3　　❽ quiz 4　　❾ quiz 5

	sustainable	지속 가능한		pursuit	추구, 뒤쫓음, 추적, 일
	solution	해결(책), 용액		portrait	초상화, 인물상, 인물 사진
	address	연설, 주소; 연설하다, 다루다, 말을 걸다	22	point to	가리키다, 암시하다
	ensure	확실하게 하다, 보장하다		significance	중요성, 의미, 의미심장
	production	생산, 산출물, 연출, 제작, 상연		accurate	정확한, 정밀한
21	aesthetics	미학		measurement	측정(치), 측량(치), 치수
	range	범위, 영역, 다양성; 정렬시키다		progress	진보[발전]하다, 전진하다; 진보, 발전
	challenging	힘든, 도전적인		turning point	전환점, 분기점, 위기
	uncomfortable	불편한		meaningful	의미 있는, 중요한
	discomfort	불편, 불쾌, 가벼운 통증		spread	펴다, 퍼뜨리다, 퍼지다; 확장, 유포, 보급
	be willing to V	(기꺼이) ~하려고 하다		stroke	타격, 일격, 뇌졸중; 쓰다듬다, 어루만지다
	transformation	변화, 변형, 변모		contribute to	~에 기여[공헌]하다, ~의 원인이 되다
	aesthetic	미학의, 심미적인; 미학		in turn	결과적으로, 차례차례
	vehicle	차, 탈것, 운송 수단, 매개물		facilitate	촉진[조장]하다, 용이하게 하다
	contend with	~와 겨루다, 씨름하다		commerce	상업, 무역, 통상
	otherwise	그렇지 않으면, ~와 다르게		interaction	상호 작용
	masterpiece	명작, 걸작		transaction	거래, 매매, 처리
	cruel	잔인한, 잔혹한, 심한		consumer	소비자
	universal	보편적인, 일반적인, 전세계의, 우주의		retailer	소매상
	suffer	경험하다, 괴로워하다, 앓다		wholesaler	도매상인, 도매업자
	civil war	내전		irregular	고르지 않은, 불규칙의
	raisin	건포도		allocate	할당하다, 분배하다
	struggle with	~에 고심하다		resource	수단, 기지 (-s) 자원, 소질; 자원을 제공하다
	racism	인종 차별주의, 민족주의		efficient	유능한, 능률적인, 효율적인
	discrimination	구별, 식별, 차별	23	seek	추구하다, 찾다, 노력하다

Voca

| ❶ voca | ❷ text | ❸ [/] | ❹ ____ | ❺ quiz 1 | ❻ quiz 2 | ❼ quiz 3 | ❽ quiz 4 | ❾ quiz 5 |

	in spite of	~에도 불구하고		think of ~ as ...	~을 ...라고 생각하다[여기다]
	advertisement	광고		cognitive	인지의, 인식의
	explanation	설명, 해명, 변명		deficit	적자, 부족, 결핍
	reluctant	꺼리는, 주저하는, 마지못한		accord	일치하다, 조화를 이루다; 일치, 협정
	remind ~ of ...	~에게 ...을 상기시키다		inferior	열등한, 질이 떨어지는; 후배
	carriage	마차, 탈것, 운송		reasoning	추론, 추리
	attractive	매력적인, 마음을 끄는		iconic	상징적인, 우상의
	majority	가장 많은 수, 다수		so that	그래서, ~하기 위해서
	employee	직원, 종업원		distinguish	구분[구별]하다, ~을 특징짓다
	entrance	입장, 입구, 입학		synthetic	종합의, 합성의; 합성품
	disguise	변장하다, 감추다; 변장, 위장		unsophisticated	단순한, 복잡하지 않은
	accomplish	달성하다, 성취하다, 이루다		fake	가짜의, 거짓된; 위조하다
	readily	쉽게, 선뜻, 기꺼이		avoid	피하다, 막다
24	in response to	~에 반응[응답]하여		so-called	이른바, 소위
	critic	비평가, 평론가		uncanny	불가사의한, 기괴한, 예리한
	charge	책임, 요금, 고발; 맡다, 청구[고발]하다		perceive	인식하다, 지각하다
	moral	도덕적인		scary	무서운, 두려운
	hazard	위험 (요소)		resemble	닮다, 비슷[유사]하다
	patient	인내심 있는; 환자		argue	논쟁[논의]하다, 주장하다
	deception	속임, 기만, 사기		recipient	수령인, 수취자, 수용체
	serve	제공[기여]하다, 복무하다, 적합하다		deceive	속이다, 기만하다
	allow for	~을 감안[참고]하다		violate	위반하다, 어기다, 침해하다
	vulnerable	취약한, 상처 입기 쉬운, 약점이 있는		dignity	존엄성, 위엄, 품위
	spectrum	범위, 연속체, 스펙트럼	25	survey	조사하다, 둘러보다; 조사
	companion	친구, 동반자, 동료		advertising	광고, 광고업

Voca

| ❶ voca | ❷ text | ❸ [/] | ❹ _____ | ❺ quiz 1 | ❻ quiz 2 | ❼ quiz 3 | ❽ quiz 4 | ❾ quiz 5 |

	respondent	응답자; 반응하는		register	등록하다, 기재하다; 등록부, 명부
	aged	늙은, 나이든, 숙성된	28	student council	학생회, 학생자치위원회
26	achieve	달성하다, 이루다, 성취하다		submission	제출, 진술, 복종, 항복, 굴복
	prominence	두드러짐, 현저함, 중요성, 명성		deadline	(마감) 기한, 최종 기한
	attend	참석하다, 보살피다		announcement	선전 문구, 발표, 공표
	graduate	졸업하다; 대학원생, 졸업생		plain	명백한, 평범한, 무늬가 없는; (-s) 평원
	unwilling	내키지 않는, 마지못해 하는		participation	참여, 참가
	organization	조직, 단체, 구조	29	protein	단백질
	racial	인종의, 민족의		serve as	~의 역할을 하다
	promote	촉진[장려]하다, 홍보하다, 진급시키다		crucial	필수적인, 결정적인, 아주 중요한
	charitable	자선적인, 자선의, 베푸는		weapon	무기, 병기, 공격 수단; 무장하다
	belong to	~에 속하다, ~의 것이다		defend	방어[수비]하다, 옹호하다
	soon after	~뒤에 곧		bind	묶다, 매다, 결속시키다
	the Great Depression	대공황		carbohydrate	탄수화물
	merge	합병하다, 융합하다		consume	소비하다, 섭취하다, 먹다
	thrive	번성[번영]하다, 잘 자라다		molecule	분자
	continually	끊임없이, 계속		gut	직감적인; 창자, 장, 배짱, 용기
	improvement	개선		nerve	신경, 긴장, 담력, 정신력
27	instruction	수업, 교육, (-s) 지시, 설명		joint	공동의, 합동의; 관절, 연결 부위
	qualified	자격이 있는, 적임의		fluid	유동체, 체액; 유동적인, 부드러운
	fundamental	근본적인, 토대가 되는; 기초, 근본		sticky	달라붙는
	registration	등록 (서류), 기재		interrupt	방해하다, (잠깐) 중단시키다
	policy	방침, 정책		toxic	유독한, 치명적인, 중독(성)의
	afterward	나중에, 그 후에		nerves	신경질, 우울
	participant	참여자, 참가자		upset	당황한, 화난; 화내다, 뒤엎다

Voca

| ① voca | ② text | ③ [/] | ④ ____ | ⑤ quiz 1 | ⑥ quiz 2 | ⑦ quiz 3 | ⑧ quiz 4 | ⑨ quiz 5 |

	common	공통의, 흔한, 평범한		circumstance	상황, 정황, 환경
	symptom	증상, 징후, 징조	31	coincidence	우연의 일치, 동시에 일어남, 공존함
	overload	과부하; 과부하를 걸다, 과적하다		irrational	비합리적인, 비이성적인
	a wide range of	광범위한, 아주 다양한		define	정의하다, 한계 짓다, 한정하다
	resolve	결심		in nature	사실상, 현실적으로, 도대체
	eliminate	제거하다		glorious	영광스러운
	hypothesis	가설, 가정, 추측 ((복수형 hypotheses))		widely	널리, 크게
	be involved in	~에 관여[참여]하다		poet	시인
	damage	피해, 손상, 손해; 손해를 입히다		phrase	구절, (문)구; 말로 표현하다
30	access	접속하다		assume	추정하다, (태도 등을) 취하다, 맡다
	justify	정당화하다		intervention	개입, 간섭, 중재
	advance	사전의; 진보, 전진·진보하다, 제기하다		occurrence	발생, 일어난 일, 사건, 존재
	expand	확장[확대]하다, 부연[확충]하다		capability	능력, 수완
	commercial	광고(방송); 상업적인		grasp	이해하다, 움켜잡다; 이해, 파악, 꽉 쥐기
	private	사설의, 사적인, 비밀의		divine	신성한, 성스러운, 신(神)의
	enact	제정하다, 연기[상연]하다, 일으키다		revelation	드러냄, 폭로
	permission	허락, 허가		inspiration	영감, 고무, 감화
	bring about	~을 가져오다, ~을 초래하다		investigate	조사하다, 연구하다
	distinction	구별, 차이, 특징, 뛰어남, 우수(성)		finding	결과, 결론
	determine	결심[결정]하다, 알아내다		source	원천, 근원, (-s) 출처, 정보원
	consent	동의, 합의; 동의하다, 허락하다	32	encounter	접하다, 마주치다; 마주침, (뜻밖의) 만남
	voluntarily	자발적으로, 임의로		subsequent	다음의, 그 후의, 뒤이은
	step into	~로 걸어 들어가다		external	외부의, 대외적인, 외국의
	surveillance	감시, 감사, 사찰		integrate	통합하다, 융합하다, 결합시키다
	adjust to	~에 맞추다, 적응하다		encode	부호화하다, 암호로 바꾸다

Voca

	degrade	저하[악화]시키다, 비하하다, 분해하다		compete	다투다, 겨루다, 경쟁하다
	reduce	줄이다, 낮추다, 감소하다		causal	인과 관계의
	confirm	확인[확증]하다, 공식화하다		attempt	시도; 시도하다
	validity	효력, 유효성, 타당성		illuminate	밝게 비추다, 설명하다, 계몽하다
	used to V	~하곤 했다, ~이었다[했다]		do well to V	~하는 것이 온당[현명]하다
	make sense	말이 되다, 타당하다, 의미가 통하다	34	life span	수명
	explicit	명시적인, 분명한, 명백한		starvation	기아, 아사 (상태), 궁핍, 결핍
	witness	목격하다, 증언하다; 목격자, 증인		predator	포식자, 포식동물, 약탈자
	unconscious	무의식의, 의식을 잃은; 무의식		internal	내부의, 체내의, 국내의
	awareness	자각, 의식, 인식		aging	노화; 늙어 가는
	lead to	~을 낳다, ~으로 이어지다		on average	평균적으로, 대체로
	forensic	법정의, 범죄 과학수사의		no longer	더 이상 ~아닌[하지 않는]
	context	상황, 배경, 맥락, 문맥		average	평균; 평균의; 평균이 ~가 되다
	multiple	다양한, 다수의, 많은; 배수		species	(분류상의) 종(種)
	investigator	조사자, 연구자, 수사관		in contrast to	~와 대조되는
33	correlation	상관관계, 연관성, 상호 관련		thanks to	~덕분에
	cover up	감추다, 은폐하다, ~을 완전히 덮다		genetic	유전적인, 유전의, 유전학의
	causality	인과 관계		flee	달아나다, 도망가다
	instance	사례, 경우	35	repetition	반복
	supply	공급하다, 주다; 공급		suggest	제안하다, 암시하다, 시사하다
	statistician	통계학자		component	(구성) 요소, 성분, 부품; 구성하고 있는
	auction	경매; 경매에 부치다		broadly	널리, 폭넓게, 대체로
	analysis	분석 ((복수형 analyses))		personality	개성, 성격, 인성, 특색, 유명인
	defect	결점, 결함; 장애; 망명하다		thereabouts	그 근처에, ~정도
	noticeable	주목할 만한, 두드러진		psychological	정신적인, 심리적인

Voca

| ❶ voca | ❷ text | ❸ [/] | ❹ _____ | ❺ quiz 1 | ❻ quiz 2 | ❼ quiz 3 | ❽ quiz 4 | ❾ quiz 5 |

	영어	한국어		영어	한국어
	trait	특성, 특색, 특징		aspect	측면, 면, 양상, 관점
	stabilize	안정되다, 안정시키다		conventional	기존의, 전통[관례]적인, 형식적인
	regardless of	~과 관계없이, 상관없이		entire	전체의, 완전한; 전부, 전체
	ethnicity	민족적 배경		focus on	~에 집중하다, 초점을 맞추다
	in terms of	~ 면에서, ~에 관하여		ordinary	일상적인, 평범한, 보통의
	advantage	이익, 이점; 이롭게 하다	38	introverted	내성적인
	optimistic	낙관적인, 낙천적인		overcome	극복하다, (남을) 이기다
36	accidental	우연한, 뜻밖의		extrovert	외향적인 사람; 외향성의
	fine-tune	미세 조정하다		split	나누다, 쪼개다; 금[틈], 균열, 분열
	inhabit	살다, 거주[서식]하다		introvert	내성적인 사람; 내성적인
	fluctuation	변동, 파동, 등락, 오르내림		executive	집행의, 경영의; 임원, 경영진
	significant	상당한, 현저한, 중요한		senior	노인, 선임, 상급생; 손위의, 연상의
	particularly	특히, 상세히		corporate	회사의, 기업의, 법인의
	notable	주목할 만한, 눈에 띄는, 저명한		view A as B	A를 B로 간주하다
	shrink	줄어들다, 움츠러들다, 수축하다		barrier	장벽, 장애물; 방벽을 두르다
	temperature	온도, 기온, 체온		stereotype	고정 관념, 전형; 정형화하다
	Celsius	섭씨의; 섭씨		hold true	사실이다, 유효하다
	more of ~ than ...	...이라기보다는 ~		empower	권한[자격]을 주다, 할 수 있도록 하다
	as a result	그 결과		retain	보유하다, 유지하다, 간직하다
	generation	세대, 일족, 발생		servant	하인, 부하, 공무원
37	random	무작위의, 임의의		date back to	(시기 등이) ~까지 거슬러 올라가다
	shortcut	지름길, 손쉬운 방법		philosophical	철학에 관한
	convert	전환시키다, 바꾸다, 개조하다		literature	문학, 문예, 문헌
	result in	그 결과 ~이 되다, ~을 야기하다		adhere to	~을 충실히 지키다, 고수하다
	explore	탐구하다, 탐험하다		attention	주의(력), 집중(력), 관심

	achievement	업적, 성취		desirable	바람직한, 호감가는; 바람직한 것[사람]
	humility	겸손, 비하		long-term	장기적인
	ultimately	최후로, 마침내, 궁극적으로		trustworthy	신용[신뢰]할 수 있는, 믿을 수 있는
	pay off	(빚을) 다 갚다, 청산하다, 수지맞다		status	상태, 지위, 신분
39	precisely	정확히, 바로		uncooperative	비협조적인
	adopt	(채)택하다, 선정하다, 취하다		verbal	말(언어)의, 구두의
	standard	표준, 기준; 표준의, 보통의		criticism	비평, 비판, 비난
	comprehensive	종합적인, 포괄적인		severe	심한, 엄격한, 힘든
	and yet	그러면서도, 그런데도		be more likely to V	좀 더 ~할 가능성이 많다
	physicist	물리학자		deserve	~ 받을 가치가 있다, ~할 만하다
	measure	측정하다, 평가하다; 척도, 기준, 조치		benefit	이익, 이득; 이익이 되다
	statistics	통계학, (-s) 통계, 통계 자료	41-42	performance	수행, 성과, 성적, 공연
	contrary to	~에 반하여, ~와 상반되는		decidedly	확실히, 단호히
	feature	특징, 특집, 용모; 특집으로 하다, 특집으로 삼다		passive	수동적인, 소극적인, 간접의
	shortcoming	결점, 단점		reinforce	강화하다, 보강하다
	tradeoff	거래, 교환		physical	신체적인, 물리적인, 물질적인
40	laboratory	실험실; 실험실의		separation	분리, 구분, 별거
	cooperative	협력[협조]적인		afford	~할 여유가 있다, 제공하다
	tend to V	~하는 경향이 있다		perform	수행하다, 행동하다, 공연[연주]하다
	demonstrate	입증[설명]하다, 보여주다, 시위하다		approval	승인, 인가, 동의
	contributor	기부자, 공헌자, 요인, 원인		incorporate	법인회사로 만들다, 통합[포함]하다
	pat	토닥거리다[쓰다듬다]; 토닥거리기, 쓰다듬기		clap	박수를 치다; 박수
	contribute	공헌하다, 기여[기부]하다		boost	상승, 증대; 신장시키다, 북돋우다
	base on	~에 근거하다		engagement	참여, 약속, 약혼, 고용
	reputation	평판, 명성		involve	포함[수반]하다, 필요로 하다, 관련시키다

Voca

| ❶ voca | ❷ text | ❸ [/] | ❹ ___ | ❺ quiz 1 | ❻ quiz 2 | ❼ quiz 3 | ❽ quiz 4 | ❾ quiz 5 |

	connect with	~와 관련시키다[연결하다]	stretch	잡아 늘이다, 쭉 펴다; 뻗침, 확장
	glimpse	흘긋 봄; 흘긋 보다, 깨닫다	hand in	제출하다, 내다
	perspective	관점, 시각, 전망, 경치, 원근법	isolation	고립, 격리, 분리
	provide ~ with ...	~에게 ...을 제공하다	nod	(고개를) 끄덕이다; 끄덕임
	biographical	전기의, 전기 형식의		
	composer	작곡가		
	enhance	향상시키다, 강화하다, 높이다		
	expressive	표현이 풍부한, 표현력이 있는		
	communicative	의사소통의, 말하기를 좋아하는		
43 - 45	once upon a time	옛날 옛적에, 먼 옛날에		
	live on	~을 먹고 살다, 주식으로 하다		
	neighboring	근처에 있는, 이웃의		
	fall into	~안으로 떨어지다		
	conflict	갈등		
	misunderstanding	오해, 착오, 불화		
	grow into	자라서 ~이 되다, ~로 성장하다		
	argument	논쟁, 주장, 논거		
	explode	폭발[파열]하다, 격발하다		
	exchange	교환하다, 환전하다; 교환, 환전		
	carpenter	목수		
	look for	~을 찾다, ~을 모집하다		
	at that	그것도, 게다가		
	put ~ in ...	~을 ...에 넣다		
	meadow	목초지, 초원		
	work on	~에 노력을 들이다, 착수하다		

Voca

18	inform ~ of ...			vanish	
	ongoing		20	include	
	support			a range of	
	constantly			plant	
	disrupt			harvest	
	individual			fertilize	
	struggle to V			pest	
	bounce			management	
	restrict			raise	
	affected			distribute	
	appreciate			date back	
	assistance			critical	
19	rite of passage			development	
	tribe			stable	
	survive			supplies	
	blindfold			settle	
	observe			vital	
	dread			feed	
	sweep			population	
	be about to V			material	
	give up			numerous	
	complete			scarcity	
	presence			degradation	
	regain			biodiversity	
	stability			continue to V	

Voca

❶ voca	❷ text	❸ [/]	❹ ____	❺ quiz 1	❻ quiz 2	❼ quiz 3	❽ quiz 4	❾ quiz 5

	sustainable				pursuit	
	solution				portrait	
	address			22	point to	
	ensure				significance	
	production				accurate	
21	aesthetics				measurement	
	range				progress	
	challenging				turning point	
	uncomfortable				meaningful	
	discomfort				spread	
	be willing to V				stroke	
	transformation				contribute to	
	aesthetic				in turn	
	vehicle				facilitate	
	contend with				commerce	
	otherwise				interaction	
	masterpiece				transaction	
	cruel				consumer	
	universal				retailer	
	suffer				wholesaler	
	civil war				irregular	
	raisin				allocate	
	struggle with				resource	
	racism				efficient	
	discrimination			23	seek	

Voca

| ❶ voca | ❷ text | ❸ [/] | ❹ _____ | ❺ quiz 1 | ❻ quiz 2 | ❼ quiz 3 | ❽ quiz 4 | ❾ quiz 5 |

	in spite of		think of ~ as …		
	advertisement		cognitive		
	explanation		deficit		
	reluctant		accord		
	remind ~ of …		inferior		
	carriage		reasoning		
	attractive		iconic		
	majority		so that		
	employee		distinguish		
	entrance		synthetic		
	disguise		unsophisticated		
	accomplish		fake		
	readily		avoid		
24	in response to		so-called		
	critic		uncanny		
	charge		perceive		
	moral		scary		
	hazard		resemble		
	patient		argue		
	deception		recipient		
	serve		deceive		
	allow for		violate		
	vulnerable		dignity		
	spectrum	25	survey		
	companion		advertising		

Voca

❶ voca	❷ text	❸ [/]	❹ ____	❺ quiz 1	❻ quiz 2	❼ quiz 3	❽ quiz 4	❾ quiz 5
	respondent			register				
	aged		28	student council				
26	achieve			submission				
	prominence			deadline				
	attend			announcement				
	graduate			plain				
	unwilling			participation				
	organization		29	protein				
	racial			serve as				
	promote			crucial				
	charitable			weapon				
	belong to			defend				
	soon after			bind				
	the Great Depression			carbohydrate				
	merge			consume				
	thrive			molecule				
	continually			gut				
	improvement			nerve				
27	instruction			joint				
	qualified			fluid				
	fundamental			sticky				
	registration			interrupt				
	policy			toxic				
	afterward			nerves				
	participant			upset				

Voca

| ❶ voca | ❷ text | ❸ [/] | ❹ ____ | ❺ quiz 1 | ❻ quiz 2 | ❼ quiz 3 | ❽ quiz 4 | ❾ quiz 5 |

	common				circumstance	
	symptom			31	coincidence	
	overload				irrational	
	a wide range of				define	
	resolve				in nature	
	eliminate				glorious	
	hypothesis				widely	
	be involved in				poet	
	damage				phrase	
30	access				assume	
	justify				intervention	
	advance				occurrence	
	expand				capability	
	commercial				grasp	
	private				divine	
	enact				revelation	
	permission				inspiration	
	bring about				investigate	
	distinction				finding	
	determine				source	
	consent			32	encounter	
	voluntarily				subsequent	
	step into				external	
	surveillance				integrate	
	adjust to				encode	

❶ voca	❷ text	❸ [/]	❹ _____	❺ quiz 1	❻ quiz 2	❼ quiz 3	❽ quiz 4	❾ quiz 5

	degrade		compete	
	reduce		causal	
	confirm		attempt	
	validity		illuminate	
	used to V		do well to V	
	make sense		life span	34
	explicit		starvation	
	witness		predator	
	unconscious		internal	
	awareness		aging	
	lead to		on average	
	forensic		no longer	
	context		average	
	multiple		species	
	investigator		in contrast to	
33	correlation		thanks to	
	cover up		genetic	
	causality		flee	
	instance		repetition	35
	supply		suggest	
	statistician		component	
	auction		broadly	
	analysis		personality	
	defect		thereabouts	
	noticeable		psychological	

| ❶ voca | ❷ text | ❸ [/] | ❹ _____ | ❺ quiz 1 | ❻ quiz 2 | ❼ quiz 3 | ❽ quiz 4 | ❾ quiz 5 |

	trait			aspect		
	stabilize			conventional		
	regardless of			entire		
	ethnicity			focus on		
	in terms of			ordinary		
	advantage		38	introverted		
	optimistic			overcome		
36	accidental			extrovert		
	fine-tune			split		
	inhabit			introvert		
	fluctuation			executive		
	significant			senior		
	particularly			corporate		
	notable			view A as B		
	shrink			barrier		
	temperature			stereotype		
	Celsius			hold true		
	more of ~ than …			empower		
	as a result			retain		
	generation			servant		
37	random			date back to		
	shortcut			philosophical		
	convert			literature		
	result in			adhere to		
	explore			attention		

Voca

❶ voca	❷ text	❸ [/]	❹ _____	❺ quiz 1	❻ quiz 2	❼ quiz 3	❽ quiz 4	❾ quiz 5

	achievement			desirable	
	humility			long-term	
	ultimately			trustworthy	
	pay off			status	
39	precisely			uncooperative	
	adopt			verbal	
	standard			criticism	
	comprehensive			severe	
	and yet			be more likely to V	
	physicist			deserve	
	measure			benefit	
	statistics		41 - 42	performance	
	contrary to			decidedly	
	feature			passive	
	shortcoming			reinforce	
	tradeoff			physical	
40	laboratory			separation	
	cooperative			afford	
	tend to V			perform	
	demonstrate			approval	
	contributor			incorporate	
	pat			clap	
	contribute			boost	
	base on			engagement	
	reputation			involve	

Voca

| ❶ voca | ❷ text | ❸ [/] | ❹ ____ | ❺ quiz 1 | ❻ quiz 2 | ❼ quiz 3 | ❽ quiz 4 | ❾ quiz 5 |

	connect with		stretch		
	glimpse		hand in		
	perspective		isolation		
	provide ~ with ...		nod		
	biographical				
	composer				
	enhance				
	expressive				
	communicative				
43 - 45	once upon a time				
	live on				
	neighboring				
	fall into				
	conflict				
	misunderstanding				
	grow into				
	argument				
	explode				
	exchange				
	carpenter				
	look for				
	at that				
	put ~ in ...				
	meadow				
	work on				

Voca

❶ voca　❷ text　❸ [/]　❹ ＿＿＿　❺ quiz 1　❻ quiz 2　❼ quiz 3　❽ quiz 4　❾ quiz 5

18		~에게 ...을 알리다			사라지다, 없어지다, 자취를 감추다
		진행 중인, 계속되고 있는	20		포함하다, 포괄하다
		지지[지원]하다, 부양하다; 지지, 후원			다양한, 범위가 ~정도 되는
		지속적으로, 끊임없이			(묘목 등을) 심다; 식물, 공장
		방해하다 교란[붕괴]시키다; 혼란된, 분열된			수확(물); 수확하다
		개인; 개인의, 개별적인, 독특한			비료를 주다, 수정시키다
		~하려고 애쓰다			해충, 골칫거리
		튀다, 뛰어오르다; 뛰어오름			관리, 경영(진)
		제한하다, 한정하다			높이다, 올리다, 기르다, 제기하다; 인상
		가장된, 꾸민, 감염된			퍼뜨리다, 분배하다, 유통하다
		진가를 알아보다, 이해하다, 감사하다			거슬러 올라가다
		도움, 지원			중요한, 비판적인
19		통과 의례			발달, 발전, 성장
		부족, 종족, 집단			안정된, 지속성이 있는; 마구간, 외양간
		생존하다, 살아남다			저장품, 물품
		눈을 가리다; 눈가리개			해결[결정]하다, 정착하다, 진정시키다
		관찰하다, 준수하다, (의견 등을) 말하다			중대한, 활기 있는, 생명의
		두려움, 공포; 두려워하다, 무서워하다			먹이를 주다, 먹이다; 먹이
		휩쓸다, 청소하다, 일소하다			개체수, 인구수
		막 ~하려고 하다			재료, 물질; 물질의, 육체의, 중요한
		포기하다, (정보 등을) 드러내다			수많은, 다수의
		완성[완료]하다; 완전한			부족, 결핍
		존재, 실재, 참석, 출현			저하, 악화
		되찾다, 회복하다			생물의 다양성
		안정, 안정성, 부동(성)			계속 ~하다

Voca

❶ voca	❷ text	❸ [/]	❹ ＿＿＿	❺ quiz 1	❻ quiz 2	❼ quiz 3	❽ quiz 4	❾ quiz 5

		지속 가능한			추구, 뒤쫓음, 추적, 일
		해결(책), 용액			초상화, 인물상, 인물 사진
		연설, 주소; 연설하다, 다루다, 말을 걸다	22		가리키다, 암시하다
		확실하게 하다, 보장하다			중요성, 의미, 의미심장
		생산, 산출물, 연출, 제작, 상연			정확한, 정밀한
21		미학			측정(치), 측량(치), 치수
		범위, 영역, 다양성; 정렬시키다			진보[발전]하다, 전진하다; 진보, 발전
		힘든, 도전적인			전환점, 분기점, 위기
		불편한			의미 있는, 중요한
		불편, 불쾌, 가벼운 통증			펴다, 퍼뜨리다, 퍼지다; 확장, 유포, 보급
		(기꺼이) ~하려고 하다			타격, 일격, 뇌졸중; 쓰다듬다, 어루만지다
		변화, 변형, 변모			~에 기여[공헌]하다, ~의 원인이 되다
		미학의, 심미적인; 미학			결과적으로, 차례차례
		차, 탈것, 운송 수단, 매개물			촉진[조장]하다, 용이하게 하다
		~와 겨루다, 씨름하다			상업, 무역, 통상
		그렇지 않으면, ~와 다르게			상호 작용
		명작, 걸작			거래, 매매, 처리
		잔인한, 잔혹한, 심한			소비자
		보편적인, 일반적인, 전세계의, 우주의			소매상
		경험하다, 괴로워하다, 앓다			도매상인, 도매업자
		내전			고르지 않은, 불규칙의
		건포도			할당하다, 분배하다
		~에 고심하다			수단, 기지 (-s) 자원, 소질; 자원을 제공하다
		인종 차별주의, 민족주의			유능한, 능률적인, 효율적인
		구별, 식별, 차별	23		추구하다, 찾다, 노력하다

❶ voca	❷ text	❸ [/]	❹ _____	❺ quiz 1	❻ quiz 2	❼ quiz 3	❽ quiz 4	❾ quiz 5

		~에도 불구하고			~을 ...라고 생각하다[여기다]
		광고			인지의, 인식의
		설명, 해명, 변명			적자, 부족, 결핍
		꺼리는, 주저하는, 마지못한			일치하다, 조화를 이루다; 일치, 협정
		~에게 ...을 상기시키다			열등한, 질이 떨어지는; 후배
		마차, 탈것, 운송			추론, 추리
		매력적인, 마음을 끄는			상징적인, 우상의
		가장 많은 수, 다수			그래서, ~하기 위해서
		직원, 종업원			구분[구별]하다, ~을 특징짓다
		입장, 입구, 입학			종합의, 합성의; 합성품
		변장하다, 감추다; 변장, 위장			단순한, 복잡하지 않은
		달성하다, 성취하다, 이루다			가짜의, 거짓된; 위조하다
		쉽게, 선뜻, 기꺼이			피하다, 막다
24		~에 반응[응답]하여			이른바, 소위
		비평가, 평론가			불가사의한, 기괴한, 예리한
		책임, 요금, 고발; 맡다, 청구[고발]하다			인식하다, 지각하다
		도덕적인			무서운, 두려운
		위험 (요소)			닮다, 비슷[유사]하다
		인내심 있는; 환자			논쟁[논의]하다, 주장하다
		속임, 기만, 사기			수령인, 수취자, 수용체
		제공[기여]하다, 복무하다, 적합하다			속이다, 기만하다
		~을 감안[참고]하다			위반하다, 어기다, 침해하다
		취약한, 상처 입기 쉬운, 약점이 있는			존엄성, 위엄, 품위
		범위, 연속체, 스펙트럼	25		조사하다, 둘러보다; 조사
		친구, 동반자, 동료			광고, 광고업

Voca

❶ voca	❷ text	❸ [/]	❹ ____	❺ quiz 1	❻ quiz 2	❼ quiz 3	❽ quiz 4	❾ quiz 5
		응답자; 반응하는						등록하다, 기재하다; 등록부, 명부
		늙은, 나이든, 숙성된		28				학생회, 학생자치위원회
26		달성하다, 이루다, 성취하다						제출, 진술, 복종, 항복, 굴복
		두드러짐, 현저함, 중요성, 명성						(마감) 기한, 최종 기한
		참석하다, 보살피다						선전 문구, 발표, 공표
		졸업하다; 대학원생, 졸업생						명백한, 평범한, 무늬가 없는; (-s) 평원
		내키지 않는, 마지못해 하는						참여, 참가
		조직, 단체, 구조		29				단백질
		인종의, 민족의						~의 역할을 하다
		촉진[장려]하다, 홍보하다, 진급시키다						필수적인, 결정적인, 아주 중요한
		자선적인, 자선의, 베푸는						무기, 병기, 공격 수단; 무장하다
		~에 속하다, ~의 것이다						방어[수비]하다, 옹호하다
		~뒤에 곧						묶다, 매다, 결속시키다
		대공황						탄수화물
		합병하다, 융합하다						소비하다, 섭취하다, 먹다
		번성[번영]하다, 잘 자라다						분자
		끊임없이, 계속						직감적인; 창자, 장, 배짱, 용기
		개선						신경, 긴장, 담력, 정신력
27		수업, 교육, (-s) 지시, 설명						공동의, 합동의; 관절, 연결 부위
		자격이 있는, 적임의						유동체, 체액; 유동적인, 부드러운
		근본적인, 토대가 되는; 기초, 근본						달라붙는
		등록 (서류), 기재						방해하다, (잠깐) 중단시키다
		방침, 정책						유독한, 치명적인, 중독(성)의
		나중에, 그 후에						신경질, 우울
		참여자, 참가자						당황한, 화난; 화내다, 뒤엎다

Voca

❶ voca	❷ text	❸ [/]	❹ ＿＿	❺ quiz 1	❻ quiz 2	❼ quiz 3	❽ quiz 4	❾ quiz 5

		공통의, 흔한, 평범한			상황, 정황, 환경
		증상, 징후, 징조	31		우연의 일치, 동시에 일어남, 공존함
		과부하; 과부하를 걸다, 과적하다			비합리적인, 비이성적인
		광범위한, 아주 다양한			정의하다, 한계 짓다, 한정하다
		결심			사실상, 현실적으로, 도대체
		제거하다			영광스러운
		가설, 가정, 추측 ((복수형 hypotheses))			널리, 크게
		~에 관여[참여]하다			시인
		피해, 손상, 손해; 손해를 입히다			구절, (문)구; 말로 표현하다
30		접속하다			추정하다, (태도 등을) 취하다, 맡다
		정당화하다, 옳음을 증명하다			개입, 간섭, 중재
		사전의; 진보, 전진; 진보하다, 제기하다			발생, 일어난 일, 사건, 존재
		확장[확대]하다, 부연[확충]하다			능력, 수완
		광고(방송); 상업적인			이해하다, 움켜잡다; 이해, 파악, 꽉 쥐기
		사설의, 사적인, 비밀의			신성한, 성스러운, 신(神)의
		제정하다, 연기[상연]하다, 일으키다			드러냄, 폭로
		허락, 허가			영감, 고무, 감화
		~을 가져오다, ~을 초래하다			조사하다, 연구하다
		구별, 차이, 특징, 뛰어남, 우수(성)			결과, 결론
		결심[결정]하다, 알아내다			원천, 근원, (-s) 출처, 정보원
		동의, 합의; 동의하다, 허락하다	32		접하다, 마주치다; 마주침, (뜻밖의) 만남
		자발적으로, 임의로			다음의, 그 후의, 뒤이은
		~로 걸어 들어가다, 개입하다			외부의, 대외적인, 외국의
		감시, 감사, 사찰			통합하다, 융합하다, 결합시키다
		~에 맞추다, 적응하다			부호화하다, 암호로 바꾸다

Voca

❶ voca	❷ text	❸ [/]	❹ ＿＿＿	❺ quiz 1	❻ quiz 2	❼ quiz 3	❽ quiz 4	❾ quiz 5
		저 하 [악 화] 시 키 다 , 비하하다, 분해하다				다투다, 겨루다, 경쟁하다		
		줄이다, 낮추다, 감소하다				인과 관계의		
		확인[확증]하다, 공식화하다				시도; 시도하다		
		효력, 유효성, 타당성				밝게 비추다, 설명하다, 계몽하다		
		~하곤 했다, ~이었다[했다]				~하는 것이 온당[현명]하다		
		말이 되다, 타당하다, 의미가 통하다	34			수명		
		명시적인, 분명한, 명백한				기아, 아사 (상태), 궁핍, 결핍		
		목격하다, 증언하다; 목격자, 증인				포식자, 포식동물, 약탈자		
		무의식의, 의식을 잃은; 무의식				내부의, 체내의, 국내의		
		자각, 의식, 인식				노화; 늙어 가는		
		~을 낳다, ~으로 이어지다				평균적으로, 대체로		
		법정의, 범죄 과학수사의				더 이상 ~아닌[하지 않는]		
		상황, 배경, 맥락, 문맥				평균; 평균의; 평균이 ~가 되다		
		다양한, 다수의, 많은; 배수				(분류상의) 종(種)		
		조사자, 연구자, 수사관				~와 대조되는		
33		상관관계, 연관성, 상호 관련				~덕분에		
		감추다, 은폐하다, ~을 완전히 덮다				유전적인, 유전의, 유전학의		
		인과 관계				달아나다, 도망가다		
		사례, 경우	35			반복		
		공급하다, 주다; 공급				제안하다, 암시하다, 시사하다		
		통계학자				(구성) 요소, 성분, 부품; 구성하고 있는		
		경매; 경매에 부치다				널리, 폭넓게, 대체로		
		분석 ((복수형 analyses))				개성, 성격, 인성, 특색, 유명인		
		결점, 결함; 장애; 망명하다				그 근처에, ~정도		
		주목할 만한, 두드러진				정신적인, 심리적인		

Voca

❶ voca ❷ text ❸ [/] ❹ _____ ❺ quiz 1 ❻ quiz 2 ❼ quiz 3 ❽ quiz 4 ❾ quiz 5

	특성, 특색, 특징		측면, 면, 양상, 관점
	안정되다, 안정시키다		기존의, 전통[관례]적인, 형식적인
	~과 관계없이, 상관없이		전체의, 완전한; 전부, 전체
	민족적 배경		~에 집중하다, 초점을 맞추다
	~ 면에서, ~에 관하여		일상적인, 평범한, 보통의
	이익, 이점; 이롭게 하다	38	내성적인
	낙관적인, 낙천적인		극복하다, (남을) 이기다
36	우연한, 뜻밖의		외향적인 사람; 외향성의
	미세 조정하다		나누다, 쪼개다; 금[틈], 균열, 분열
	살다, 거주[서식]하다		내성적인 사람; 내성적인
	변동, 파동, 등락, 오르내림		집행의, 경영의; 임원, 경영진
	상당한, 현저한, 중요한		노인, 선임, 상급생; 손위의, 연상의
	특히, 상세히		회사의, 기업의, 법인의
	주목할 만한, 눈에 띄는, 저명한		A를 B로 간주하다
	줄어들다, 움츠러들다, 수축하다		장벽, 장애물; 방벽을 두르다
	온도, 기온, 체온		고정 관념, 전형; 정형화하다
	섭씨의; 섭씨		사실이다, 유효하다
	...이라기보다는 ~		권한[자격]을 주다, 할 수 있도록 하다
	그 결과		보유하다, 유지하다, 간직하다
	세대, 일족, 발생		하인, 부하, 공무원
37	무작위의, 임의의		(시기 등이) ~까지 거슬러 올라가다
	지름길, 손쉬운 방법		철학에 관한
	전환시키다, 바꾸다, 개조하다		문학, 문예, 문헌
	그 결과 ~이 되다, ~을 야기하다		~을 충실히 지키다, 고수하다
	탐구하다, 탐험하다		주의(력), 집중(력), 관심

Voca

No.	뜻	No.	뜻
	업적, 성취		바람직한, 호감가는; 바람직한 것[사람]
	겸손, 비하		장기적인
	최후로, 마침내, 궁극적으로		신용[신뢰]할 수 있는, 믿을 수 있는
	(빚을) 다 갚다, 청산하다, 수지맞다		상태, 지위, 신분
39	정확히, 바로		비협조적인
	(채)택하다, 선정하다, 취하다		말(언어)의, 구두의
	표준, 기준; 표준의, 보통의		비평, 비판, 비난
	종합적인, 포괄적인		심한, 엄격한, 힘든
	그러면서도, 그런데도		좀 더 ~할 가능성이 많다
	물리학자		~ 받을 가치가 있다, ~할 만하다
	측정하다, 평가하다; 척도, 기준, 조치		이익, 이득; 이익이 되다
	통계학, (-s) 통계, 통계 자료	41 - 42	수행, 성과, 성적, 공연
	~에 반하여, ~와 상반되는		확실히, 단호히
	특징, 특집, 용모; 특집으로 하다, 특집으로 삼다		수동적인, 소극적인, 간접의
	결점, 단점		강화하다, 보강하다
	거래, 교환		신체적인, 물리적인, 물질적인
40	실험실; 실험실의		분리, 구분, 별거
	협력[협조]적인		~할 여유가 있다, 제공하다
	~하는 경향이 있다		수행하다, 행동하다, 공연[연주]하다
	입증[설명]하다, 보여주다, 시위하다		승인, 인가, 동의
	기부자, 공헌자, 요인, 원인		법인회사로 만들다, 통합[포함]하다
	토닥거리다[쓰다듬다]; 토닥거리기, 쓰다듬기		박수를 치다; 박수
	공헌하다, 기여[기부]하다		상승, 증대; 신장시키다, 북돋우다
	~에 근거하다		참여, 약속, 약혼, 고용
	평판, 명성		포함[수반]하다, 필요로 하다, 관련시키다

Voca

❶ voca	❷ text	❸ [/]	❹ _____	❺ quiz 1	❻ quiz 2	❼ quiz 3	❽ quiz 4	❾ quiz 5
			~와 관련시키다[연결하다]					잡아 늘이다, 쭉 펴다; 뻗침, 확장
			흘긋 봄; 흘긋 보다, 깨닫다					제출하다, 내다
			관점, 시각, 전망, 경치, 원근법					고립, 격리, 분리
			~에게 ...을 제공하다					(고개를) 끄덕이다; 끄덕임
			전기의, 전기 형식의					
			작곡가					
			향상시키다, 강화하다, 높이다					
			표현이 풍부한, 표현력이 있는					
			의사소통의, 말하기를 좋아하는					
43 - 45			옛날 옛적에, 먼 옛날에					
			~을 먹고 살다, 주식으로 하다					
			근처에 있는, 이웃의					
			~안으로 떨어지다					
			갈등					
			오해, 착오, 불화					
			자라서 ~이 되다, ~로 성장하다					
			논쟁, 주장, 논거					
			폭발[파열]하다, 격발하다					
			교환하다, 환전하다; 교환, 환전					
			목수					
			~을 찾다, ~을 모집하다					
			그것도, 게다가					
			~을 ...에 넣다					
			목초지, 초원					
			~에 노력을 들이다, 착수하다					

2021 고1 6월 모의고사

❶ voca　　❷ text　　❸ [/]　　❹ _____　　❺ quiz 1　　❻ quiz 2　　❼ quiz 3　　❽ quiz 4　　❾ quiz 5

18 목적

❶ To whom it may concern,
I am writing to inform you of an ongoing noise issue that I am experiencing.
관계자 귀하,
저는 제가 겪고 있는 지속되는 소음 문제에 대해 알려 드리기 위해 이 편지를 씁니다.

❷ My apartment faces the basketball courts of the community center.
저의 아파트는 문화 센터의 농구 코트를 향하고 있습니다.

❸ While I fully support the community center's services, I am constantly being disrupted by individuals playing basketball late at night.
저는 문화 센터의 서비스를 전적으로 지지하고 있지만, 밤늦게 농구를 하는 사람들에 의해 끊임없이 방해받고 있습니다.

❹ Many nights, I struggle to fall asleep because I can hear people bouncing balls and shouting on the basketball courts well after 11 p.m..
많은 밤마다, 밤 11시가 한참 넘어서도 저는 사람들이 농구 코트에서 공을 튀기고 소리치는 것을 들어야 해서 잠을 자는 데 애를 먹습니다.

❺ Could you restrict the time the basketball court is open to before 9 p.m.?
당신은 농구 코트를 여는 시간을 밤 9시 이전으로 제한해 주실 수 있으십니까?

❻ I'm sure I'm not the only person in the neighborhood that is affected by this noise issue.
저는 이 근처에서 이 소음 문제에 의해 영향받는 유일한 사람이 아님을 확신합니다.

❼ I appreciate your assistance.
당신의 협조에 감사드립니다.

❽ Sincerely, Ian Baldwin
진심을 담아, Ian Baldwin

19 심경

❶ Chaske, a Cherokee boy, was sitting on a tree stump.
체로키족 소년인 Chaske는 나무 그루터기에 앉아 있었다.

❷ As a rite of passage for youths in his tribe, Chaske had to survive one night in the forest wearing a blindfold, not knowing he was observed by his father.
그의 부족청년들에 대한 통과 의례로, Chaske는 그의 아버지가 지켜보는 것을 모른 채로 눈가리개를 쓰고 숲속에서 하룻밤을 살아남아야 했다.

❸ After the sunset, Chaske could hear all kinds of noises.
해가 지고 난 후에, Chaske는 모든 종류의 소리를 들을 수 있었다.

❹ The wind blew the grass and shook his stump.
바람이 풀을 휘저으며 그의 그루터기를 흔들었다.

❺ A sense of dread swept through his body.
두려움이 그의 몸을 휩쓸었다.

❻ What if wild beasts are looking at me?
'만약 야생 짐승들이 나를 바라보고 있다면 어떡하지?

❼ I can't stand this!
나는 이것을 견딜 수가 없어!'

❽ Just as he was about to take off the blindfold to run away, a voice came in from somewhere.
그가 도망가기 위해 눈가리개를 막 벗으려고 했을 때 어디선가 한 음성이 들려왔다.

❾ "I'm here around you. Don't give up, and complete your mission."
"나는 여기 네 주변에 있어. 포기하지 말고 너의 임무를 완수해."

❿ It was his father's voice.
그것은 그의 아버지의 목소리였다.

⓫ He has been watching me from nearby!
'그가 근처에서 나를 지켜보고 있었구나!'

⓬ With just the presence of his father, the boy regained stability.
그의 아버지의 존재만으로도 소년은 안정을 되찾았다.

⓭ What panicked him awfully a moment ago vanished into thin air.
조금 전까지 그를 끔찍하게 겁에 질리게 한 것들이 온데간데없이 사라졌다.

20 요지

❶ Agriculture includes a range of activities such as planting, harvesting, fertilizing, pest management, raising animals, and distributing food and agricultural products.
농업은 파종, 수확, 비료 주기, 해충 관리, 동물 사육, 그리고 식량 및 농산물 분배와 같은 다양한 활동들을 포함한다.

❷ It is one of the oldest and most essential human activities, dating back thousands of years, and has played a critical role in the development of human civilizations, allowing people to create stable food supplies and settle in one place.
그것은 수천 년 전으로 거슬러 올라가는 가장 오래되고 필수적인 인간 활동 중 하나이고, 인류 문명의 발전에 중요한 역할을 해 왔으며, 사람들이 안정적인 식량을 생산하고 한곳에 정착할 수 있게 허락해 주었다.

❸ Today, agriculture remains a vital industry that feeds the world's population, supports rural communities, and provides raw materials for other industries.
오늘날, 농업은 전 세계 인구를 먹여 살리고 농업 공동체를 지원하며 다른 산업에 원료를 공급하는 중요한 산업으로 남아 있다.

❹ However, agriculture faces numerous challenges such as climate change, water scarcity, soil degradation, and biodiversity loss.
그러나, 농업은 기후 변화, 물 부족, 토질 저하, 생물 다양성 손실과 같은 수많은 문제에 직면하고 있다.

❺ As the world's population continues to grow, it is essential to find sustainable solutions to address the challenges facing agriculture and ensure the continued production of food and other agricultural products.
세계 인구가 계속해서 증가함에 따라, 농업이 직면한 문제를 다루고 식량과 다른 농산물의 지속적인 생산을 보장하기 위한 지속 가능한 해결책을 찾는 것이 필수적이다.

21 주장

❶ The arts and aesthetics offer emotional connection to the full range of human experience.
예술과 미학은 다양한 인간 경험에 대한 정서적인 연결을 제공한다.

❷ "The arts can be more than just sugar on the tongue," Anjan Chatterjee, a professor at the University of Pennsylvania, says.
"예술은 단순히 혀 위의 설탕 이상의 것이 될 수 있다,"라고 Pennsylvania 대학교의 교수인 Anjan Chatterjee는 말한다.

❸ "In art, when there's something challenging, which can also be uncomfortable, this discomfort, if we're willing to engage with it, offers the possibility of some change, some transformation. That can also be a powerful aesthetic experience."
"예술에서, 무언가 도전적인 것이 있고 그것이 또한 불편할 수 있을 때, 이 불편은, 만약 우리가 기꺼이 그것에 참여하려 한다면, 어떤 변화, 어떤 변형의 가능성을 제공한다. 그것은 또한 강력한 미적 경험이 될 수 있다."

❹ The arts, in this way, become vehicles to contend with ideas and concepts that are difficult and uncomfortable otherwise.
예술은, 이런 방식으로, 그렇지 않았더라면 어렵고 불편한 아이디어 및 개념들과 싸우는 매개체가 된다.

❺ When Picasso painted his masterpiece Guernica in 1937, he captured the heartbreaking and cruel nature of war, and offered the world a way to consider the universal suffering caused by the Spanish Civil War.
Picasso가 그의 걸작 Guernica를 1937년에 그렸을 때, 그는 가슴 아프고 잔인한 전쟁의 본질을 포착했고, 스페인 내전으로 인한 보편적인 고통을 숙고할 방법을 세상에 제공했다.

❻ When Lorraine Hansberry wrote her play A Raisin in the Sun, she gave us a powerful story of people struggling with racism, discrimination, and the pursuit of the American dream while also offering a touching portrait of family life.
Lorraine Hansberry가 그녀의 희곡 A Raisin in the Sun을 썼을 때, 그녀는 또한 가족생활에 대한 감동적인 초상화를 제공하면서 인종 차별, 차별, 아메리칸드림의 추구를 위해 고군분투하는 사람들의 강력한 이야기를 우리에게 주었다.

22 의미

❶ Many historians have pointed to the significance of accurate time measurement to Western economic progress.
많은 역사가들은 서양의 경제적 진보에 있어서 정확한 시간 측정의 중요성을 시사해 왔다.

❷ The French historian Jacques Le Goff called the birth of the public mechanical clock a turning point in Western society.
프랑스 역사가 Jacques Le Goff는 공공 기계 시계의 탄생을 서구 사회에서의 전환점이라고 불렀다.

❸ Until the late Middle Ages, people had sun or water clocks, which did not play any meaningful role in business activities.
중세 말기까지, 사람들은 해시계와 물시계를 가지고 있었는데, 그것들은 경제 활동에 있어서 아무런 의미 있는 역할을 하지 못했다.

❹ Market openings and activities started with the sunrise and typically ended at noon when the sun was at its peak.
시장 개장과 활동들은 일출과 함께 시작했고 태양이 최고점에 이르는 정오에 일반적으로 끝났다.

❺ But when the first public mechanical clocks were introduced and spread across European cities, market times were set by the stroke of the hour.
그러나 최초의 공공 기계 시계들이 도입되고 유럽 도시들 전역으로 확산되었을 때, 시장 시간은 시간을 알리는 소리에 의해 정해졌다.

❻ Public clocks thus greatly contributed to public life and work by providing a new concept of time that was easy for everyone to understand.
따라서 공공 시계들은 모든 사람이 이해하기 쉬운 시간의 새로운 개념을 제공함으로써 공공의 생활과 일에 크게 기여했다.

❼ This, in turn, helped facilitate trade and commerce.
그 결과, 이것은 무역과 상업을 촉진하는 데 도움을 주었다.

❽ Interactions and transactions between consumers, retailers, and wholesalers became less irregular.
소비자, 소매업자, 그리고 도매업자 간의 상호 작용과 거래는 덜 불규칙해졌다.

❾ Important town meetings began to follow the pace of the clock, allowing people to better plan their time and allocate resources in a more efficient manner.
중요한 마을 회의들은 시계의 페이스를 따르기 시작했고, 이것은 사람들이 그들의 시간을 더 잘 계획하고 더 효율적인 방식으로 자원들을 분배하는 것을 허락해 주었다.

23 주제

❶ Sylvan Goldman invented the shopping cart and introduced it in his stores in 1937.
Sylvan Goldman은 쇼핑 카트를 발명하고 1937년에 그의 가게들에 그것을 도입했다.

❷ It was an excellent device that would make it easy for shoppers to buy as much as they wanted without getting tired or seeking others' help.
그것은 쇼핑객들이 지치거나 다른 사람들의 도움을 구하지 않고 그들이 원했던 만큼 구매하는 것을 쉽게 만들어 준 훌륭한 장치였다.

❸ But Goldman discovered that in spite of his repeated advertisements and explanations, he could not persuade his shoppers to use the wheeled carts.
하지만 Goldman은 그의 반복적인 광고와 설명에도 불구하고, 그의 쇼핑객들에게 바퀴 달린 카트들을 사용하도록 설득할 수 없다는 것을 알게 됐다

❹ Men were reluctant because they thought they would appear weak if they pushed such carts instead of carrying their shopping.
남성들은 그들의 쇼핑한 물건을 들고 다니는 대신 만약 그들이 그런 카트들을 민다면 그들이 나약해 보일 것으로 생각했기 때문에 꺼렸다.

❺ Women wouldn't touch them because the carts reminded them of baby carriages.
여성들은 카트들이 그들에게 유모차를 연상시키기 때문에 그것들에 손대려 하지 않았다.

❻ It was only a few elderly shoppers who used them.
그것들을 사용하는 사람들은 오직 몇 명의 노인 쇼핑객들뿐이었다.

❼ That made the carts even less attractive to the majority of the shoppers.
그것은 카트들을 대다수 쇼핑객들에게 훨씬 덜 매력적이도록 만들었다.

❽ Then Goldman hit upon an idea.
그때 Goldman이 한 아이디어를 떠올렸다.

❾ He hired several models, men and women, of different ages and asked them to wheel the carts in the store and shop.
그는 다른 연령대의 남자와 여자 모델들을 고용했고, 그들에게 상점에서 카트들을 밀고 쇼핑하도록 요청했다.

❿ A young woman employee standing near the entrance told the regular shoppers, 'Look, everyone is using the carts. Why don't you?'
입구 근처에 서 있던 한 젊은 여성 직원이 일반 쇼핑객들에게 '보세요, 모든 사람이 카트를 사용하고 있습니다. 해 보는 게 어떠세요?'라고 말했다.

⓫ That was the turning point.
그것이 전환점이었다.

⓬ A few shills disguised as regular shoppers easily accomplished what logic, explanations, and advertisements failed to do.
일반 쇼핑객들로 위장한 바람잡이들이 논리, 설명, 그리고 광고가 하지 못한 것을 쉽게 달성했다.

⓭ Within a few weeks shoppers readily accepted those carts.
몇 주 만에 쇼핑객들은 그 카트들을 기꺼이 받아들였다.

24 제목

❶ In response to human-like care robots, critics might charge that human-robot interactions create moral hazards for dementia patients.
인간을 닮은 돌봄 로봇들에 대한 반응으로, 비평가들은 인간-로봇의 상호 작용이 치매 환자들에게 도덕적 위험을 만들어 낸다고 비난할지도 모른다.

❷ Even if deception is sometimes allowed when it serves worthy goals, should it be allowed for vulnerable users?
속임수가 그것이 가치 있는 목표를 달성할 때 때때로 허용된다고 하더라도, 취약한 사용자들에게 그것이 허용되어야 할까?

❸ Just as children on the autism spectrum with robot companions might be easily fooled into thinking of robots as friends, older adults with cognitive deficits might be.
로봇 친구가 있는 자폐성 스펙트럼을 가진 아이들이 로봇을 친구로 생각하도록 쉽게 속을 수 있는 것처럼, 인지 결함을 가진 노인들도 그럴 수 있다.

❹ According to Alexis Elder, a professor at UMD, robots are false friends, inferior to true friendship.
UMD의 교수인 Alexis Elder에 따르면, 로봇은 진정한 우정보다, 열등한 '가짜' 친구이다.

❺ Reasoning along similar lines, John Sullins, a professor at Sonoma State University, holds that robots should "remain iconic or cartoonish so that they are easily distinguished as synthetic even by unsophisticated users."
비슷한 방향에서 생각하자면, Sonoma 주립 대학교 교수인 John Sullins는 로봇이 '심지어 순수한 사용자들에 의해서도 그것들이 진짜가 아닌 것으로 쉽게 구별될 수 있도록 상징적이거나 만화같이 남아 있어야 한다.'라고 주장한다.

❻ At least then no one is fooled.
적어도 그러면 아무도 속지 않는다.

❼ Making robots clearly fake also avoids the so-called "uncanny valley," where robots are perceived as scary because they so closely resemble us, but not quite.
로봇을 명백히 가짜로 만드는 것은 또한 로봇이 우리를 완전히는 아니지만, 아주 가깝게 닮았기 때문에 무섭다고 인지되는 소위 '불쾌한 골짜기'라고 불리는 것을 피하게 한다.

❽ Other critics of robot deception argue that when care recipients are deceived into thinking that robots care, this crosses a line and violates human dignity.
로봇 속임수에 대한 다른 비평가들은 돌봄을 받는 사람들이 로봇이 돌봐 준다고 생각하도록 속임을 당할 때, 이것은 선을 넘고 인간의 '존엄성'을 침해한다고 주장한다.

26 일치

❶ Maggie L. Walker achieved national prominence as a businesswoman and community leader.
Maggie L. Walker는 여성 사업가와 커뮤니티 리더로서 전국적 명성을 얻었다.

❷ She was among the earliest Black students to attend newly-established public schools for African Americans.
그녀는 아프리카계 미국인들을 위해 새롭게 설립된 공립 학교에 다닌 초기 흑인 학생들 중 하나였다.

❸ After graduating, she worked as a teacher for three years at the Valley School, where she had studied.
졸업 이후, 그녀는 그녀가 공부했던 Valley School에서 교사로서 3년 동안 근무했다.

❹ In the early 1900s, Virginia banks owned by white bankers were unwilling to do business with African American organizations or individuals.
1900년대 초반에, 백인 은행가들에 의해 소유된 Virginia의 은행들은 아프리카계 미국인의 단체나 개인들과 거래하기를 꺼렸다.

❺ The racial discrimination by white bankers drove her to study banking and financial laws.
백인 은행가들에 의한 인종 차별은 그녀로 하여금 은행 금융법을 공부하게 만들었다.

❻ She established a newspaper to promote closer communication between the charitable organization she belonged to and the public.
그녀는 그녀가 속한 자선 단체와 대중 간의 더 긴밀한 소통을 장려하고자 신문사를 설립했다.

❼ Soon after, she founded the St. Luke Penny Savings Bank, which survived the Great Depression and merged with two other banks.
곧이어, 그녀는 St. Luke Penny Savings Bank를 설립했는데, 그것은 대공황에서 살아남아 두 개의 다른 은행들과 합병했다.

❽ It thrived as the oldest continually African American-operated bank until 2009.
그것은 2009년까지 지속적으로 아프리카계 미국인에 의해 운영되는 가장 오래된 은행으로서 번창했다.

❾ Walker achieved successes with the vision to make improvements in the way of life for African Americans.
Walker는 아프리카계 미국인들을 위한 삶의 방식에서 개선을 이루고자 하는 비전으로 성공을 거두었다.

29 어법

❶ Lectins are large proteins that serve as a crucial weapon that plants use to defend themselves.
렉틴은 식물들이 그들 스스로를 방어하기 위해 사용하는 중요한 무기로서 역할을 하는 커다란 단백질이다.

❷ The lectins in most plants bind to carbohydrates as we consume the plant.
대부분의 식물에 있는 렉틴은 우리가 식물을 섭취할 때 탄수화물과 결합한다.

❸ They also bind to sugar molecules found in the gut, in the brain, between nerve endings, in joints and in all bodily fluids.
그것들은 또한 장, 뇌, 신경 말단 사이, 관절 및 모든 체액에서 발견되는 당 분자들과 결합한다.

❹ According to Dr. Steven Gundry, these sticky proteins can interrupt messaging between cells and cause toxic and inflammatory reactions.
Dr. Steven Gundry에 따르면, 이러한 끈적끈적한 단백질은 세포들 간의 메시지 전달을 방해하고 독성 및 염증성의 반응을 일으킬 수 있다.

❺ Brain fog is just one result of lectins interrupting communication between nerves.
뇌 피로 현상은 렉틴이 신경들 간의 소통을 방해하는 단지 하나의 결과에 지나지 않는다.

❻ An upset stomach is another common symptom of lectin overload.
위장 장애는 렉틴 과다의 또 다른 흔한 증상이다.

❼ Dr. Gundry lists a wide range of other health problems including aching joints, dementia, headaches and infertility that have been resolved in his patients once they eliminated lectins from their diets.
Dr. Gundry는 그의 환자들이 자신의 식단에서 렉틴을 제거하였을 때 해결되어 왔던 관절통, 치매, 두통, 그리고 불임을 포함한 광범위한 다양한 건강 문제들을 나열한다.

❽ Dr. Paul Saladino writes that the hypothesis that lectins are involved in Parkinson's disease is also gaining support, with animal studies showing that 'lectins, once eaten, may be damaging the gut and travelling to the brain, where they appear to be toxic to dopaminergic neurons'.
Dr. Paul Saladino는 렉틴이 파킨슨병과 관련이 있다는 가설이 '렉틴이 일단 섭취되면, 장에 손상을 입히고 뇌로 이동해 그 곳에서 그것들이 도파민 작동성 신경 세포에 독성을 일으키는 것처럼 보인다.'는 것을 보여 주는 동물 연구들과 함께 또한 지지를 얻고 있다고 기록한다.

30 어휘

❶ Technology changes how individuals and societies understand the concept of privacy.
기술은 개인들과 사회가 사생활의 개념을 이해하는 방식을 변화시킨다.

❷ The fact that someone has a new ability to access information or watch the actions of another does not justify doing so.
누군가가 정보에 접근하거나 다른 사람의 행동을 관찰하는 새로운 능력을 갖추고 있다는 사실은 그렇게 하는 것을 정당화하지 않는다.

❸ Rather, advances in technology require citizens and policy makers to consider how privacy protections should be expanded.
오히려, 기술의 발전은 시민들과 정책 입안자들이 어떻게 사생활 보호가 확장되어야 하는지 고려할 것을 요구한다.

❹ For example, when cameras first became available for commercial and private use, nations and citizens struggled over whether new laws should be enacted to protect individuals from being photographed without their permission.
예를 들어, 카메라들이 상업적이고 사적인 용도로 처음 사용될 수 있게 되었을 때, 국가들과 시민들은 그들의 허가 없이 개인들이 사진에 찍히는 것으로부터 보호하기 위해 새로운 법들이 제정되어야 하는지에 대해 투쟁했다.

❺ The reconsideration of privacy brought about by this new technology re-affirmed a distinction between private and public spaces.
이 새로운 기술이 가져온 사생활에 대한 재고는 사적 및 공적 공간의 구별을 재확인했다.

❻ It was determined by most cultures that people automatically gave consent to being seen — and thus recorded — once they voluntarily stepped into a public space.
일단 사람들이 자발적으로 공공장소에 발을 들여놓으면, 보여지고, 따라서 녹화되는 것에 자동적으로 동의하는 것으로 대부분의 문화에서 결정되었다.

❼ Although some people might be uncomfortable with the spread of surveillance cameras, citizens in most cultures have adjusted to the fact that giving up the right not to be observed in these circumstances causes less harm to the community than failing to have surveillance.
일부 사람들은 감시 카메라들의 확산을 불편하게 여길지도 모르지만, 대부분의 문화권에 있는 시민들은 이러한 상황에서 관찰되지 않을 권리를 포기하는 것이 감시받지 못하는 것보다 지역 사회에 더 적은 해를 끼친다는 사실에 순응해 왔다.

31 빈칸

❶ Coincidence that is statistically impossible seems to us like an irrational event, and some define it as a miracle.
통계적으로 불가능한 우연은 우리에게 비이성적인 사건처럼 보이고, 어떤 이들은 그것을 기적으로 정의한다.

❷ But, as Montaigne has said, "the origin of a miracle is in our ignorance, at the level of our knowledge of nature, and not in nature itself."
그러나, Montaigne가 말했듯이, "기적의 기원은 자연 그 자체가 아니라 자연에 대한 우리의 지식수준에서, 우리의 무지에 있다."

❸ Glorious miracles have been later on discovered to be obedience to the laws of nature or a technological development that was not widely known at the time.
영광스러운 기적들은 자연의 법칙에 대한 순응으로서, 혹은 당시에는 널리 알려지지 않았던 기술적 발전으로서 나중에 발견되어 왔다.

❹ As the German poet, Goethe, phrased it: "Things that are mysterious are not yet miracles."
독일 시인 Goethe가 그것을 표현했듯이, "'신비한' 것들은 아직 '기적'이 '아니다'."

❺ The miracle assumes the intervention of a "higher power" in its occurrence that is beyond human capability to grasp.
기적은 그것의 발생에 있어서 인간이 이해할 수 있는 능력 너머의 '더 높은 힘'의 개입을 가정한다.

❻ Yet there are methodical and simple ways to "cause a miracle" without divine revelation and inspiration.
하지만, 신적인 계시와 영감 없이 '기적을 일으키는' 체계적이고 간단한 방법들이 있다.

❼ Instead of checking it out, investigating and finding the source of the event, we define it as a miracle.
그것을 확인하는 것, 즉, 그 사건의 근원을 조사하고 찾는 것 대신에, 우리는 그것을 기적으로 정의한다.

❽ The miracle, then, is the excuse of those who are too lazy to think.
그렇다면, 기적은 생각하는 데 너무 게으른 사람들의 핑계이다.

32 빈칸

❶ Information encountered after an event can influence subsequent remembering.
사건 후에 마주친 정보는 이후의 기억하는 것에 영향을 미칠 수 있다.

❷ External information can easily integrate into a witness's memory, especially if the event was poorly encoded or the memory is from a distant event, in which case time and forgetting have degraded the original memory.
특히 사건이 불충분하게 부호화되었거나, 그 기억이 시간과 망각이 원래의 기억을 저하시켜 온 먼 사건으로부터 온 것이라면, 외부 정보는 목격자의 기억에 쉽게 통합될 수 있다.

❸ With reduced information available in memory with which to confirm the validity of post-event misinformation, it is less likely that this new information will be rejected.
사건 후의 잘못된 정보의 유효성을 확인하기 위해 기억에서 사용할 수 있는 줄어든 정보를 가지면, 이 새로운 정보가 덜 거부될 듯하다.

❹ Instead, especially when it fits the witness's current thinking and can be used to create a story that makes sense to him or her, it may be integrated as part of the original experience.
대신에, 특히 그것이 목격자의 현재 생각과 맞고 그 또는 그녀에게 이해되는 하나의 이야기를 만드는 데 사용될 수 있을 때, 그것은 원래 경험의 일부로서 통합될 수 있다.

❺ This process can be explicit (i.e., the witness knows it is happening), but it is often unconscious.
이 과정은 명시적일 수 있지만(즉, 목격자는 그것이 일어나고 있다는 것을 알고 있다), 그것은 흔히 무의식적이다.

❻ That is, the witness might find himself or herself thinking about the event differently without awareness.
즉, 목격자는 의식하지 못한 채 그 사건에 대해 다르게 생각하는 그 자신 또는 그녀 자신을 발견할지도 모른다.

❼ Over time, the witness may not even know the source of information that led to the (new) memory.
시간이 지남에 따라, 목격자는 (새로운) 기억으로 이끄는 정보의 출처조차 모를지도 모른다.

❽ Sources of misinformation in forensic contexts can be encountered anywhere, from discussions with other witnesses to social media searches to multiple interviews with investigators or other legal professionals, and even in court.
법정의 상황에서의 잘못된 정보의 출처는 다른 목격자들과의 토론에서부터 소셜 미디어 조사들, 수사관 또는 기타 법률 전문가들과의 다중 인터뷰들, 심지어 법정에서까지 어디에서나 마주쳐질 수 있다.

33 빈칸

❶ Correlations are powerful because the insights they offer are relatively clear.
상관관계는 그것들이 제공하는 통찰력이 비교적 명확하기 때문에 강력하다.

❷ These insights are often covered up when we bring causality back into the picture.
이러한 통찰력은 종종 우리가 인과 관계를 그 상황으로 다시 가져올 때 가려진다.

❸ For instance, a used-car dealer supplied data to statisticians to predict which of the vehicles available for purchase at an auction were likely to have problems.
예를 들어, 한 중고차 딜러가 경매에서 구입할 수 있는 차량들 중 어떤 차량에 문제가 발생할 가능성이 있는지를 예측하기 위한 데이터를 통계학자들에게 제공했다.

❹ A correlation analysis showed that orange-colored cars were far less likely to have defects.
한 상관관계 분석은 주황색 차들이 결함이 있을 가능성이 훨씬 적다는 것을 보여 줬다.

❺ Even as we read this, we already think about why it might be so: Are orange-colored car owners likely to be car enthusiasts and take better care of their vehicles?
심지어 우리가 이것을 읽으면서도, 우리는 이미 왜 그럴지에 대해 생각한다. 주황색 차를 소유한 사람들이 자동차 애호가여서 그들의 차량을 더 잘 관리할 가능성이 있는가?

❻ Or, is it because orange-colored cars are more noticeable on the road and therefore less likely to be in accidents, so they're in better condition when resold?
아니면, 주황색 차들이 도로에서 더 눈에 띄고, 그래서 사고가 날 가능성이 적어 재판매될 때 그것들이 상태가 더 좋은 것이기 때문인가?

❼ Quickly we are caught in a web of competing causal hypotheses.
곧 우리는 경쟁적인 인과 가설의 함정에 빠진다.

❽ But our attempts to illuminate things this way only make them cloudier.
하지만 이런 식으로 무언가를 설명하려는 우리의 시도는 그것들을 더 흐리게 만들 뿐이다.

❾ Correlations exist; we can show them mathematically.
상관관계는 존재하며 우리는 그것들을 수학적으로 보여 줄 수 있다.

❿ We can't easily do the same for causal links.
우리는 인과 관계에 대해서는 쉽게 똑같이 할 수 없다.

⓫ So we would do well to hold off from trying to explain the reason behind the correlations.
따라서 우리는 상관관계의 배후에 있는 이유를 설명하려 하지 않는 것이 좋다.

34 빈칸

❶ Most mice in the wild are eaten or die before their life span of two years is over.
야생에 있는 대부분의 쥐들은 2년의 수명이 끝나기 전에 잡아먹히거나 죽는다.

❷ They die from external causes, such as disease, starvation, or predators, not due to internal causes, such as aging.
그들은 노화와 같은 '내부적인 원인들' 때문이 아니라 질병, 굶주림 또는 포식자와 같은 '외부적인 원인들'로 죽는다.

❸ That is why nature has made mice to live, on average, for no longer than two years.
그것이 자연이 쥐를 평균적으로 2년 이상 살지 못하게 만든 이유이다.

❹ Now we have arrived at an important point: The average life span of an animal species, or the rate at which it ages, is determined by the average time that this animal species can survive in the wild.
이제 우리는 중요한 지점에 도달했다. 동물 종의 평균 수명, 또는 그것이 노화하는 속도는 이 동물 종이 야생에서 생존할 수 있는 평균 시간에 의해 결정된다.

❺ That explains why a bat can live to be 30 years old.
그것은 왜 박쥐가 30세까지 살 수 있는지를 설명해 준다.

❻ In contrast to mice, bats can fly, which is why they can escape from danger much faster.
쥐와 대조적으로 박쥐는 날 수 있고, 이것은 그들이 위험에서 훨씬 더 빨리 도망칠 수 있는 이유이다.

❼ Thanks to their wings, bats can also cover longer distances and are better able to find food.
그들의 날개 덕분에, 박쥐들은 또한 더 긴 거리를 이동할 수 있고 먹이를 더 잘 찾을 수 있다.

❽ Every genetic change in the past that made it possible for a bat to live longer was useful, because bats are much better able than mice to flee from danger, find food, and survive.
박쥐가 더 오래 사는 것을 가능하게 해 준 과거의 모든 유전적 변화는 박쥐가 쥐보다 위험으로부터 도망치고, 먹이를 찾고, 생존하는 것을 훨씬 더 잘할 수 있기 때문에 유용했다.

35 무관

❶ Moral excellence, according to Aristotle, is the result of habit and repetition, though modern science would also suggest that it may have an innate, genetic component.
비록 현대 과학은 그것이 선천적, 즉, 유전적인 요소를 가지고 있다고 또한 주장하지만, Aristotle에 따르면 도덕적 우수성은 습관과 반복의 결과물이다.

❷ This means that moral excellence will be broadly set early in our lives, which is why the question of how early to teach it is so important.
이것은 도덕적 우수성이 우리 삶에 있어서 이른 시기에 광범위하게 설정될 것임을 의미하며, 이것이 얼마나 일찍 그것을 가르쳐야 할지에 대한 질문이 매우 중요한 이유이다.

❸ Freud suggested that we don't change our personality much after age five or thereabouts, but as in many other things, Freud was wrong.
Freud는 우리가 5세 혹은 그 무렵 이후에는 우리의 성격을 많이 바꾸지 않는다고 제시했지만, 다른 많은 것들에서처럼 Freud는 틀렸다.

❹ Recent psychological research shows that personality traits stabilize around age thirty in both men and women and regardless of ethnicity as the human brain continues to develop, both neuroanatomically and in terms of cognitive skills, until the mid-twenties.
최근의 심리 연구는 20대 중반까지 신경 해부학적으로 그리고 인지 기능 면에서 인간의 뇌가 계속해서 발달함에 따라 남성과 여성 모두에게 있어서 그리고 민족에 상관없이 성격 특성이 30세 무렵에 안정된다는 것을 보여 준다.

❺ The advantage of this new understanding is that we can be a bit more optimistic than Aristotle and Freud about being able to teach moral excellence.
이 새로운 이해의 이점은 우리가 Aristotle이나 Freud보다 도덕적 우수성을 가르칠 수 있다는 점에서 조금 더 낙관적일 수 있다는 것이다.

36 순서

❶ The size of a species is not accidental.
종의 크기는 우연한 것이 아니다.

❷ It's a fine-tuned interaction between a species and the world it inhabits.
그것은 한 종과 그것이 서식하는 세계 사이의 미세 조정된 상호 작용이다.

❸ Over large periods of time, size fluctuations have often signalled significant changes in the environment.
오랜 시간에 걸쳐, 크기의 변동은 종종 환경에서의 상당한 변화를 나타내 왔다.

❹ Generally speaking, over the last five hundred million years, the trend has been towards animals getting larger.
일반적으로 말해서, 지난 5억 년 동안, 그 경향은 동물들이 점점 커지는 쪽으로 되어 왔다.

❺ It's particularly notable in marine animals, whose average body size has increased 150-fold in this time.
그것은 특히 해양 동물들에게서 두드러지는데, 그들의 평균 몸 크기는 이 시기에 150배로 증가해 왔다.

❻ But we are beginning to see changes in this trend.
하지만 우리는 이 경향에서 변화를 관찰하기 시작하고 있다.

❼ Scientists have discovered that many animals are shrinking.
과학자들은 많은 동물이 작아지고 있다는 것을 발견해 왔다.

❽ Around the world, species in every category have been found to be getting smaller, and one major cause appears to be the heat.
전 세계적으로, 모든 범주의 종들이 점점 작아지고 있는 것으로 발견되어 왔고, 한 가지 주요 원인은 열인 것으로 보인다.

❾ Animals living in the Italian Alps, for example, have seen temperatures rise by three to four degrees Celsius since the 1980s.
예를 들어, 이탈리아 알프스에 살고 있는 동물들은 1980년대 이후로 기온이 섭씨 3에서 4도까지 상승하는 것을 보아 왔다.

❿ To avoid overheating, chamois goats now spend more of their days resting rather than searching for food, and as a result, in just a few decades, the new generations of chamois are 25 percent smaller.
과열을 피하기 위해서, 샤무아 염소들은 이제 먹이를 찾는 것보다 휴식을 취하는 데 더 많은 그들의 날들을 보내고, 결과적으로, 단지 몇 십 년 만에, 새로운 세대들의 샤무아는 25% 더 작아져 있다.

37 순서

❶ For a long time, random sampling was a good shortcut.
오랫동안, 무작위 추출법은 좋은 지름길이었다.

❷ It made analysis of large data problems possible in the pre-digital era.
그것은 디지털 시대 이전에 상당한 데이터 문제 분석을 가능하게 했다.

❸ But much as converting a digital image or song into a smaller file results in loss of data, information is lost when sampling.
그러나 디지털 이미지나 노래를 더 작은 파일로 변환하는 것이 데이터 손실을 유발하는 것과 마찬가지로, 추출을 할 때 정보가 손실된다.

❹ Having the full (or close to the full) dataset provides a lot more freedom to explore, to look at the data from different angles or to look closer at certain aspects of it.
전체(또는 전체에 가까운) 데이터 세트를 가지는 것은 탐색하거나 다른 각도에서 데이터를 살펴보거나 그것의 특정 측면들을 더 자세히 보게 하는 자유를 훨씬 더 많이 제공한다.

❺ A fitting example may be the light-field camera, which captures not just a single plane of light, as with conventional cameras, but rays from the entire light field, some 11 million of them.
라이트 필드 카메라가 적절한 비유가 될 수 있는데, 그것은 기존 카메라처럼 한 평면의 빛만 포착할 뿐만 아니라 약 1,100만 개에 달하는 전체 라이트 필드로부터의 광선들도 포착한다.

❻ The photographers can decide later which element of an image to focus on in the digital file.
사진사들은 디지털 파일에서 이미지의 어느 요소에 초점을 맞출지를 나중에 결정할 수 있다.

❼ There is no need to focus at the beginning, since collecting all the information makes it possible to do that afterwards.
모든 정보를 수집하는 것은 그것을 나중에 하는 것을 가능하게 만들기 때문에, 처음에 초점을 맞출 필요는 없다.

❽ Because rays from the entire light field are included, it is closer to all the data.
전체 라이트 필드의 빛이 포함되기 때문에, 그것은 모든 데이터에 더 가깝다.

❾ As a result, the information is more "reuseable" than ordinary pictures, where the photographer has to decide what to focus on before she presses the shutter.
결과적으로 사진사가 셔터를 누르기 전에 그녀가 무엇에 초점을 맞출지를 결정해야 하는 일반 사진들보다 그 정보는 더 '재사용 가능'하다.

38 삽입

❶ Introverted leaders do have to overcome the strong cultural presumption that extroverts are more effective leaders.
내향적인 리더들은 외향적인 사람들이 더 유능한 리더라는 강력한 문화적 억측을 극복해야 한다.

❷ Although the population splits into almost equal parts between introverts and extroverts, more than 96 percent of managers and executives are extroverted.
비록 인구는 내향적인 사람과 외향적인 사람 사이에서 거의 동등한 비율로 나뉘지만, 관리자와 임원의 96% 이상이 외향적이다.

❸ In a study done in 2006, 65 percent of senior corporate executives viewed introversion as a barrier to leadership.
2006년에 실시된 한 연구에서, 기업 고위 임원의 65%가 내향성을 리더십의 장애물로 간주했다.

❹ We must reexamine this stereotype, however, as it doesn't always hold true.
하지만 그것이 항상 맞는 것은 아니기 때문에 우리는 이 고정 관념을 재검토해야 한다.

❺ Regent University found that a desire to be of service to others and to empower them to grow, which is more common among introverts than extroverts, is a key factor in becoming a leader and retaining leadership.
Regent 대학교는 다른 사람들에게 도움이 되고 그들이 성장할 수 있도록 힘을 주고자 하는 열망이 리더가 되고 리더십을 유지하는 데 핵심적인 요소이고, 그것이 외향적인 사람들보다 내향적인 사람들 사이에서 더 일반적이라는 것을 발견했다.

❻ So-called servant leadership, dating back to ancient philosophical literature, adheres to the belief that a company's goals are best achieved by helping workers or customers achieve their goals.
고대 철학 문헌으로 거슬러 올라가는 소위 서번트 리더십은 한 회사의 목표가 근로자나 고객이 그들의 목표를 달성하도록 도움으로써 가장 잘 달성된다는 믿음을 고수한다.

❼ Such leaders do not seek attention but rather want to shine a light on others' wins and achievements; servant leadership requires humility, but that humility ultimately pays off.
그런 리더들은 관심을 추구하는 것이 아니라 오히려 다른 사람들의 승리와 업적에 빛을 비추고 싶어 하고, 서번트 리더십은 겸손을 필요로 하지만, 그 겸손은 궁극적으로 결실을 맺는다.

39 삽입

❶ By the nineteenth century, France had developed a system of precisely defined units of measurement to capture space, time, and more, and had begun to get other nations to adopt the same standards.
19세기까지, 프랑스는 공간, 시간, 그리고 더 많은 것을 포착하기 위해 정밀하게 규정된 측정 단위의 체계를 개발했고, 다른 국가들이 동일한 기준을 채택하도록 만들기 시작했었다.

❷ Just half a century later, in the 1920s, the discoveries of quantum mechanics forever destroyed the dream of comprehensive and perfect measurement.
불과 반세기 후, 1920년대에, 양자 역학의 발견은 포괄적이고 완벽한 측정에 대한 꿈을 영원히 깨 버렸다.

❸ And yet, outside a relatively small circle of physicists, the mindset of humankind's drive to flawlessly measure continued among engineers and scientists.
그러나 비교적 소수 집단의 물리학자를 제외하고는 공학자와 과학자 사이에서 완벽하게 측정하려고 하는 인류의 추진 정신은 계속되었다.

❹ In the world of business it even expanded, as the precision-oriented sciences of mathematics and statistics began to influence all areas of commerce.
정확성을 지향하는 수학과 통계학이라는 과학이 상업의 모든 영역에 영향을 미치기 시작하면서 비즈니스의 세계에서 그것은 심지어 확장되었다.

❺ However, contrary to the trend of the past several decades, in many new situations that are occurring today, allowing for imprecision — for messiness — may be a positive feature, not a shortcoming.
그러나, 지난 수십 년간의 경향과 반대로, 오늘날 발생하는 많은 새로운 상황에서 부정확성, 즉, 번잡함을 허용하는 것은 단점이 아니라 긍정적인 특성이 될 수 있다.

❻ As a tradeoff for relaxing the standards of allowable errors, one can get a hold of much more data.
허용할 오류의 기준을 완화하기 위한 거래로서 사람은 훨씬 더 많은 데이터를 얻을 수 있다.

❼ It isn't just that "more is better than some," but that, in fact, sometimes "more is greater than better."
그것은 단순히 '더 많은 것이 조금보다 더 나을' 뿐만 아니라, 사실은 때때로 '더 많은 것이 더 좋은 것보다 더 훌륭하기'도 하다.

40 요약

❶ Multiple laboratory studies show that cooperative people tend to receive social advantages from others.
여러 실험실 연구들은 협력적인 사람들이 다른 사람들로부터 사회적인 혜택들을 받는 경향이 있다는 것을 보여 준다.

❷ One way to demonstrate this is to give people the opportunity to act positively or negatively toward contributors.
이것을 증명하는 한 가지 방법은 사람들에게 기여자들을 향해 긍정적이거나 부정적으로 행동할 기회를 주는 것이다.

❸ For example, Pat Barclay, a professor at the University of Guelph, had participants play a cooperative game where people could contribute money toward a group fund which helped all group members, and then allowed participants to give money to other participants based on their reputations.
예를 들어, Guelph 대학교의 교수인, Pat Barclay는 참가자들로 하여금 모든 집단 구성원들을 도와주는 집단 기금에 사람들이 돈을 기부할 수 있는 협동 게임을 하도록 한 다음, 참가자들이 그들의 평판을 바탕으로 다른 참가자들에게 돈을 줄 수 있도록 허락했다.

❹ People who contributed more to the group fund were given responsibility for more money than people who contributed less.
집단 기금에 더 많이 기부한 사람들은 덜 기부한 사람들보다 더 많은 돈에 대한 책임이 주어졌다.

❺ Similar results have been found by other researchers.
유사한 결과들이 다른 연구자들에 의해 발견되었다.

❻ People who contribute toward their groups are also chosen more often as interaction partners, preferred as leaders, rated as more desirable partners for long-term relationships, and are perceived to be trustworthy and have high social status.
또한 그들의 집단에 기여하는 사람들은 상호 작용 파트너로서 더 자주 선택되고, 리더로서 선호되며, 장기적인 관계를 위한 더 바람직한 파트너들로서 평가되고, 신뢰할 수 있고 사회적 지위가 높은 것으로 인식된다.

❼ Uncooperative people tend to receive verbal criticism or even more severe punishment.
비협조적인 사람들은 언어적인 비판이나 심지어 더 심한 벌을 받는 경향이 있다.

❽ Studies suggest that individuals who act with generosity toward their communities are more likely to be viewed as deserving of benefit by members of that community than those who don't.
연구들은 그들의 공동체에 관대함을 가지고 행동하는 사람들이 그렇게 하지 않은 사람들보다 그 공동체의 구성원들에 의해 혜택을 누릴 만하다고 보여질 가능성이 더 크다고 이야기한다.

41~42 제목, 어휘

❶ In Western society, many music performance settings make a clear distinction between performers and audience members: the performers are the "doers" and those in the audience take a decidedly passive role.
서양 사회에서, 많은 음악 공연 상황은 공연자와 청중 사이에 명확한 구분을 만든다. 공연자들은 '행위자들'이고, 청중 속 사람들은 분명히 수동적인 역할을 맡는다.

❷ The performance space itself may further reinforce the distinction with a physical separation between the stage and audience seating.
공연 공간 그 자체가 무대와 청중석 사이의 물리적 분리로 구분을 더 강화할 수 있다.

❸ Perhaps because this distinction is so common, audiences seem to greatly value opportunities to have special "access" to performers that affords understanding about performers' style of music.
아마도 이러한 구분이 너무 흔하기 때문에, 청중들은 공연자의 음악 스타일에 대한 이해를 제공하는 공연자에 대한 특별한 '접근'을 할 기회들에 크게 가치를 부여하는 것처럼 보인다.

❹ Some performing musicians have won great approval by regularly incorporating "audience participation" into their concerts.
일부 공연 음악가는 정기적으로 그들의 콘서트에 '청중 참여'를 포함함으로써 큰 호응을 받아 왔다.

❺ Whether by leading a sing-along activity or teaching a rhythm to be clapped at certain points, including audience members in the music making can boost the level of engagement and enjoyment for all involved.
함께 노래 부르기 활동을 하든지 지정된 지점에서 박수를 치도록 리듬을 가르치든지, 음악을 만드는 데 있어서 청중 구성원을 포함하는 것은 모든 참여자의 참여와 즐거움의 수준을 높일 수 있다.

❻ Performers who are uncomfortable leading audience participation can still connect with the audience simply by giving a special glimpse of the performer perspective.
청중 참여를 이끄는 것에 불편함을 느끼는 공연자들은 단순히 그 공연자 관점을 특별히 흘끗 보여줌으로써 청중과 여전히 이어질 수 있다.

❼ It is quite common in classical music to provide audiences with program notes.
클래식 음악에서는 청중에게 프로그램 해설을 제공하는 것이 상당히 흔하다.

❽ Typically, this text in a program gives background information about pieces of music being performed and perhaps biographical information about historically significant composers.
전형적으로, 이러한 프로그램의 텍스트는 연주되는 음악 작품에 대한 배경 정보와 아마도 역사적으로 중요한 작곡가들에 대한 전기(傳記) 정보를 제공한다.

❾ What may be of more interest to audience members is background information about the very performers who are onstage, including an explanation of why they have chosen the music they are presenting.
청중들에게 더 흥미로울 수도 있는 것은 공연자들이 그들이 선보이고 있는 음악을 왜 선택했는지에 대한 설명을 포함한, 무대 위에 있는 바로 그 연주가에 관한 배경 정보이다.

❿ Such insight can make audience members feel closer to the musicians onstage, both metaphorically and emotionally.
그러한 통찰력은 청중들이 무대 위에 있는 음악가들에게 비유적이고 감정적으로 더 가까이 느끼게 만들 수 있다.

⓫ This connection will likely enhance the expressive and communicative experience.
이러한 연결은 표현적이고 소통적인 경험을 아마 향상시킬 것이다.

43~45 순서, 지칭, 세부 내용

❶ Once upon a time, two brothers, Robert and James, who lived on neighboring farms fell into conflict.
옛날 옛적에, 가까운 농장에 사는 두 형제인 Robert와 James가 갈등에 빠졌다.

❷ It was the first serious fight in 40 years of farming side by side.
그것은 함께 나란히 농사를 지은 지 40년 만에 최초의 심각한 싸움이었다.

❸ It began with a small misunderstanding and it grew into a major argument, and finally it exploded into an exchange of bitter words followed by weeks of silence.
그것은 작은 오해로 시작하여 보다 중대한 논쟁이 되었고, 마침내 그것은 독설을 주고받는 것으로 폭발했고 몇 주간의 침묵이 뒤따랐다.

❹ One morning there was a knock on Robert's door.
어느 날 아침 Robert의 문에 노크가 있었다.

❺ He opened it to find a carpenter with a toolbox.
그(Robert)는 그것을 열고 공구 상자를 가진 목수를 발견했다.

❻ Looking at Robert, the carpenter said, "I'm looking for a few days' work. Do you have anything to repair?"
Robert를 바라보며 그 목수는 말했다. "저는 며칠 동안 할 일을 찾고 있어요. 당신(Robert)은 수리할 것이 있나요?"

❼"I have nothing to be repaired, but I have a job for you. Look across the creek at that farm. Last week, my younger brother James took his bulldozer and put that creek in the meadow between us. Well, I will do even worse. I want you to build me an 8-foot tall fence which will block him from seeing my place," said Robert.
"수리될 것은 없지만 당신이 해 줄 일이 있어요. 샛강 저편에 저 농장을 보세요. 지난주에, 제 동생 James가 그의 불도저를 가지고 우리 사이의 초원에 샛강을 만들었어요. 음, 제(Robert)가 훨씬 더 나쁘게 할 거예요. 저는 당신이 그가 제 장소를 보지 못하게 막는 8피트 높이의 울타리를 지어 주기를 원해요." Robert가 말했다.

❽ The carpenter seemed to understand the situation.
목수는 그 상황을 이해한 것처럼 보였다.

❾ Robert prepared all the materials the carpenter needed.
Robert는 그 목수가 필요로 하는 모든 재료들을 준비해 주었다.

❿ The next day, Robert left to work on another farm, so he couldn't watch the carpenter for some days.
다음 날, Robert는 또 다른 농장으로 일하러 떠났고, 그래서 그는 며칠 동안 그 목수를 볼 수 없었다.

⓫ When Robert returned and saw the carpenter's work, his jaw dropped.
Robert가 돌아와서 그 목수의 작업을 보았을 때, 그의 입이 쩍 벌어졌다.

❷ Instead of a fence, the carpenter had built a bridge that stretched from one side of the creek to the other.
울타리 대신에, 그 목수는 샛강의 한쪽에서 다른 쪽까지 펼쳐진 다리 하나를 만들었다.

❸ His brother was walking over, waving his hand in the air.
그의 동생은 그(James)의 손을 공중에 흔들며 걸어오고 있었다.

❹ Robert laughed and said to the carpenter, "You really can fix anything."
Robert는 웃었고 그 목수에게 말했다. "당신은 정말로 어떤 것이든 고칠 수 있군요."

❺ The two brothers stood awkwardly for a moment, but soon met on the bridge and shook hands.
그 두 형제는 잠시 동안 어색하게 서 있었지만, 곧 다리 위에서 만나 악수를 했다.

❻ They saw the carpenter leaving with his toolbox.
그들은 그 목수가 그의 공구 상자를 가지고 떠나는 것을 보았다.

❼ "No, wait! Stay a few more days." Robert told him.
"안 돼요, 기다려 주세요! 며칠 더 머물러 주세요." Robert가 그에게 말했다.

❽ "Thank you for your invitation. But I need to go build more bridges. Don't forget. The fence leads to isolation and the bridge to openness," said carpenter.
"당신의(Robert) 초대에 감사드립니다. 하지만 저는 더 많은 다리들을 만들러 가야 해요. 잊지 마세요. 울타리는 고립으로 이끌고 다리는 관대함으로 이끕니다." 목수가 말했다.

❾ The two brothers nodded at the carpenter's words.
그 두 형제는 목수의 말에 끄덕여 동의를 표시했다.

2023 고2 11월 모의고사　❶ 회차:　　점 / 250점

18

To whom it may concern,
I am writing to [**inform / deform**]1) you of an ongoing noise issue [**that / what**]2) I am experiencing. My apartment faces the basketball courts of the community center. [**During / While**]3) I fully support the community center's services, I am constantly being disrupted by individuals playing basketball late at night. Many nights, I struggle to fall asleep because I can hear people [**bouncing / bounced**]4) balls and [**shouting / shouted**]5) on the basketball courts well after 11 p.m.. Could you [**restrict / allow**]6) the time the basketball court is open to before 9 p.m.? I'm sure I'm not the only person in the neighborhood that is affected by this noise issue. I appreciate your assistance.
Sincerely, Ian Baldwin

저는 제가 겪고 있는 지속되는 소음 문제에 대해 알려 드리기 위해 이 편지를 씁니다. 저의 아파트는 문화 센터의 농구 코트를 향하고 있습니다. 저는 문화 센터의 서비스를 전적으로 지지하고 있지만, 밤늦게 농구를 하는 사람들에 의해 끊임없이 방해받고 있습니다. 많은 밤마다, 밤 11시가 한참 넘어서도 저는 사람들이 농구 코트에서 공을 튀기고 소리치는 것을 들어야 해서 잠을 자는 데 애를 먹습니다. 당신은 농구 코트를 여는 시간을 밤 9시 이전으로 제한해 주실 수 있으십니까? 저는 이 근처에서 이 소음 문제에 의해 영향받는 유일한 사람이 아님을 확신합니다. 당신의 협조에 감사드립니다.

19

Chaske, a Cherokee boy, was sitting on a tree stump. As a rite of passage for youths in his tribe, Chaske had to [**survive / survive from**]7) one night in the forest [**wearing / wears**]8) a blindfold, not [**knowing / known**]9) he was observed by his father. After the sunset, Chaske could hear all kinds of noises. The wind blew the grass and shook his stump. A sense of dread [**sweeping / swept**]10) through his body. What if wild beasts are looking at me? I can't stand this! Just as he was about to take off the blindfold to run away, a voice came in from somewhere. "I'm here around you. Don't give up, and complete your mission." It was his father's voice. He has been [**watching / watched**]11) me from nearby! With just the [**absence / presence**]12) of his father, the boy regained [**fear / stability**]13) . [**That / What**]14) panicked him awfully a moment ago [**banished / vanished**]15) into thin air.

체로키족 소년인 Chaske는 나무 그루터기에 앉아 있었다. 그의 부족 청년들에 대한 통과 의례로, Chaske는 그의 아버지가 지켜보는 것을 모른 채로 눈가리개를 쓰고 숲속에서 하룻밤을 살아남아야 했다. 해가 지고 난 후에, Chaske는 모든 종류의 소리를 들을 수 있었다. 바람이 풀을 휘저으며 그의 그루터기를 흔들었다. 두려움이 그의 몸을 휩쓸었다. '만약 야생 짐승들이 나를 바라보고 있다면 어떡하지? 나는 이것을 견딜 수가 없어!' 그가 도망가기 위해 눈가리개를 막 벗으려고 했을 때 어디선가 한 음성이 들려왔다. "나는 여기 네 주변에 있어. 포기하지 말고 너의 임무를 완수해." 그것은 그의 아버지의 목소리였다. '그가 근처에서 나를 지켜보고 있었구나!' 그의 아버지의 존재만으로도 소년은 안정을 되찾았다. 조금 전까지 그를 끔찍하게 겁에 질리게 한 것들이 온데간데없이 사라졌다.

20

Agriculture [**includes / concludes**]16) a range of activities such as planting, harvesting, fertilizing, pest management, raising animals, and [**attributing / distributing**]17) food and agricultural products. It is one of the oldest and most essential human [**activity / activities**]18) , [**dates / dating**]19) back thousands of years, and [**has / have**]20) played a critical role in the development of human civilizations, allowing people [**to create / creating**] 21) stable food supplies and settle in one place. Today, agriculture remains a vital industry that [**feeds / is fed by**]22) the world's population, supports rural communities, and provides raw materials for other industries. However, agriculture faces numerous challenges such as climate change, water scarcity, soil degradation, and biodiversity loss. As the world's population continues to grow, it is essential to find sustainable solutions to address the challenges [**face / facing**]23) agriculture and ensure the continued production of food and other agricultural products.

농업은 파종, 수확, 비료 주기, 해충 관리, 동물 사육, 그리고 식량 및 농산물 분배와 같은 다양한 활동들을 포함한다. 그것은 수천 년 전으로 거슬러 올라가는 가장 오래되고 필수적인 인간 활동 중 하나이고, 인류 문명의 발전에 중요한 역할을 해 왔으며, 사람들이 안정적인 식량을 생산하고 한곳에 정착할 수 있게 허락해 주었다. 오늘날, 농업은 전 세계 인구를 먹여 살리고 농업 공동체를 지원하며 다른 산업에 원료를 공급하는 중요한 산업으로 남아 있다. 그러나, 농업은 기후 변화, 물 부족, 토질 저하, 생물다양성 손실과 같은 수많은 문제에 직면하고 있다. 세계 인구가 계속해서 증가함에 따라, 농업이 직면한 문제를 다루고 식량과 다른 농산물의 지속적인 생산을 보장하기 위한 지속 가능한 해결책을 찾는 것이 필수적이다.

21

The arts and aesthetics offer [**physical / emotional**]24) connection to the full range of human experience. "The arts can be [**more / less**]25) than just sugar on the tongue," Anjan Chatterjee, a professor at the University of Pennsylvania, says. "In art, when there's something challenging, which can also be [**comfortable / uncomfortable**]26) , this [**comfort / discomfort**]27) , if we're willing to [**engage / break up**]28) with it, offers the possibility of some change, some [**transformation / transportation**]29) . That can also be a powerful aesthetic experience." The arts, in this way, become vehicles to [**agree / contend**]30) with ideas and concepts that are [**easy / difficult**]31) and uncomfortable otherwise. When Picasso painted his masterpiece Guernica in 1937, he captured the heartbreaking and cruel nature of war, and [**offered / suffered**]32) the world a way to consider the universal suffering [**causing / caused by**]33) the Spanish Civil War. When Lorraine Hansberry wrote her play *A Raisin in the Sun*, she gave us a powerful story of people [**struggling / struggled**]34) with racism, [**discrimination / discretion**]35) , and the pursuit of the American dream while also offering a touching portrait of family life.

예술과 미학은 다양한 인간 경험에 대한 정서적인 연결을 제공한다. "예술은 단순히 혀 위의 설탕 이상의 것이 될 수 있다,"라고 Pennsylvania 대학교의 교수인 Anjan Chatterjee는 말한다. "예술에서, 무언가 도전적인 것이 있고 그것이 또한 불편할 수 있을 때, 이 불편은, 만약 우리가 기꺼이 그것에 참여하려 한다면, 어떤 변화, 어떤 변형의 가능성을 제공한다. 그것은 또한 강력한 미적 경험이 될 수 있다." 예술은, 이런 방식으로, 그렇지 않았더라면 어렵고 불편한 아이디어 및 개념들과 싸우는 매개체가 된다. Picasso가 그의 걸작 Guernica를 1937년에 그렸을 때, 그는 가슴 아프고 잔인한 전쟁의 본질을 포착했고, 스페인 내전으로 인한 보편적인 고통을 숙고할 방법을 세상에 제공했다. Lorraine Hansberry가 그녀의 희곡 A Raisin in the Sun을 썼을 때, 그녀는 또한 가족생활에 대한 감동적인 초상화를 제공하면서 인종 차별, 차별, 아메리칸드림의 추구를 위해 고군분투하는 사람들의 강력한 이야기를 우리에게 주었다.

22

Many historians have pointed to the significance of [**accurate** / **inaccurate**]36) time measurement to Western economic [**procedure** / **progress**]37) . The French historian Jacques Le Goff called the birth of the public mechanical clock a turning point in Western society. Until the late Middle Ages, people had sun or water clocks, [**that** / **which**]38) did not play any [**meaningful** / **meaningless**]39) role in business activities. Market openings and activities started with the sunrise and typically ended at noon when the sun was at its peak. [**In addition** / **But**]40) when the first public mechanical clocks were introduced and spread across European cities, market times were set by the stroke of the hour. Public clocks thus greatly [**contributed** / **distributed**]41) to public life and work by providing a new concept of time that was easy for everyone to understand. This, in turn, helped [**facilitate** / **devastate**]42) trade and commerce. Interactions and transactions between consumers, retailers, and wholesalers became less [**regular** / **irregular**]43) . Important town meetings began to follow the pace of the clock, allowing people to better [**plan** / **planning**]44) their time and [**allocate** / **allocating**]45) resources in a more efficient manner.

많은 역사가들은 서양의 경제적 진보에 있어서 정확한 시간 측정의 중요성을 시사해 왔다. 프랑스 역사가 Jacques Le Goff는 공공 기계 시계의 탄생을 서구 사회에서의 전환점이라고 불렀다. 중세 말기까지, 사람들은 해시계와 물시계를 가지고 있었는데, 그것들은 경제 활동에 있어서 아무런 의미 있는 역할을 하지 못했다. 시장 개장과 활동들은 일출과 함께 시작했고 태양이 최고점에 이르는 정오에 일반적으로 끝났다. 그러나 최초의 공공 기계 시계들이 도입되고 유럽 도시들 전역으로 확산되었을 때, 시장시간은 시간을 알리는 소리에 의해 정해졌다. 따라서 공공 시계들은 모든 사람이 이해하기 쉬운 시간의 새로운 개념을 제공함으로써 공공의 생활과 일에 크게 기여했다. 그 결과, 이것은 무역과 상업을 촉진하는 데 도움을 주었다. 소비자, 소매업자, 그리고 도매업자 간의 상호 작용과 거래는 덜 불규칙해졌다. 중요한 마을 회의들은 시계의 페이스를 따르기 시작했고, 이것은 사람들이 그들의 시간을 더 잘 계획하고 더 효율적인 방식으로 자원들을 분배하는 것을 허락해 주었다.

23

Sylvan Goldman invented the shopping cart and introduced it in his stores in 1937. It was an excellent [**device** / **devise**]46) that would make [**it** / **them**]47) easy for shoppers to buy as much as they wanted without getting tired or seeking others' help. But Goldman discovered [**that** / **what**]48) in spite of his repeated advertisements and explanations, he could not [**permit** / **persuade**]49) his shoppers to use the wheeled carts. Men were [**accepting** / **reluctant**]50) because they thought they would appear [**strong** / **weak**]51) if they pushed such carts instead of carrying their shopping. Women wouldn't touch [**it** / **them**]52) because the carts reminded them [**that** / **of**]53) baby carriages. It was only a few elderly shoppers who used them. That made the carts even less [**attractive** / **distractive**]54) to the majority of the shoppers. Then Goldman hit upon an idea. He hired several models, men and women, of different ages and asked them to [**wheel** / **wheeling**]55) the carts in the store and shop. A young woman employee [**standing** / **stood**]56) near the entrance told the regular shoppers, 'Look, everyone is using the carts. Why don't you?' That was the turning point. A few shills [**anguished** / **disguised**]57) as regular shoppers easily accomplished [**that** / **what**]58) logic, explanations, and advertisements failed [**to do** / **doing**]59). Within a few weeks shoppers readily [**accepted** / **refused**]60) those carts.

* shill: 바람잡이

Sylvan Goldman은 쇼핑 카트를 발명하고 1937년에 그의 가게들에 그것을 도입했다. 그것은 쇼핑객들이 지치거나 다른 사람들의 도움을 구하지 않고 그들이 원했던 만큼 구매하는 것을 쉽게 만들어 준 훌륭한 장치였다. 하지만 Goldman은 그의 반복적인 광고와 설명에도 불구하고, 그의 쇼핑객들에게 바퀴 달린 카트들을 사용하도록 설득할 수 없다는 것을 알게 됐다. 남성들은 그들의 쇼핑한 물건을 들고 다니는 대신 만약 그들이 그런 카트들을 민다면 그들이 나약해 보일 것으로 생각했기 때문에 꺼렸다. 여성들은 카트들이 그들에게 유모차를 연상시키기 때문에 그것들에 손대려 하지 않았다. 그것들을 사용하는 사람들은 오직 몇 명의 노인 쇼핑객들뿐이었다. 그것은 카트들을 대다수 쇼핑객들에게 훨씬 덜 매력적이도록 만들었다. 그때 Goldman이 한 아이디어를 떠올렸다. 그는 다른 연령대의 남자와 여자 모델들을 고용했고, 그들에게 상점에서 카트들을 밀고 쇼핑하도록 요청했다. 입구 근처에 서 있던 한 젊은 여성 직원이 일반 쇼핑객들에게 '보세요, 모든 사람이 카트를 사용하고 있습니다. 해 보는 게 어떠세요?'라고 말했다. 그것이 전환점이었다. 일반 쇼핑객들로 위장한 바람잡이들이 논리, 설명, 그리고 광고가 하지 못한 것을 쉽게 달성했다. 몇 주 만에 쇼핑객들은 그 카트들을 기꺼이 받아들였다.

24

In response to human-like care robots, critics might charge that human-robot interactions create **[moral / mortal]**61) hazards for dementia patients. Even if **[acception / deception]**62) is sometimes allowed when it serves **[worth / worthy]**63) goals, should it be allowed for vulnerable users? Just as children on the autism spectrum with robot companions might be easily fooled into thinking of robots as friends, older adults with cognitive **[advantages / deficits]**64) might **[be / do]**65) . According to Alexis Elder, a professor at UMD, robots are false friends, **[superior / inferior]**66) to true friendship. **[Reasoning / Reasoned]**67) along similar lines, John Sullins, a professor at Sonoma State University, holds that robots should "remain iconic or cartoonish so that they are easily **[distinguished / extinguished]**68) as **[sympathetic / synthetic]**69) even by unsophisticated users." At least then no one is fooled. Making robots clearly **[fake / falsely]**70) also avoids the so-called "uncanny valley," **[which / where]**71) robots are perceived as scary because they so closely **[resemble / resemble with]**72) us, but not quite. Other critics of robot deception argue that when care **[providers / recipients]**73) are deceived into thinking that robots care, this crosses a line and **[embraces / violates]**74) human dignity.

* dementia: 치매 ** autism: 자폐성

인간을 닮은 돌봄 로봇들에 대한 반응으로, 비평가들은 인간-로봇의 상호 작용이 치매 환자들에게 도덕적 위험을 만들어 낸다고 비난할지도 모른다. 속임수가 그것이 가치 있는 목표를 달성할 때 때때로 허용된다고 하더라도, 취약한 사용자들에게 그것이 허용되어야 할까? 로봇 친구가 있는 자폐성 스펙트럼을 가진 아이들이 로봇을 친구로 생각하도록 쉽게 속을 수 있는 것처럼, 인지 결함을 가진 노인들도 그럴 수 있다. UMD의 교수인 Alexis Elder에 따르면, 로봇은 진정한 우정보다, 열등한 '가짜' 친구이다. 비슷한 방향에서 생각하자면, Sonoma 주립 대학교 교수인 John Sullins는 로봇이 '심지어 순수한 사용자들에 의해서도 그것들이 진짜가 아닌 것으로 쉽게 구별될 수 있도록 상징적이거나 만화같이 남아 있어야 한다.'라고 주장한다. 적어도 그러면 아무도 속지 않는다. 로봇을 명백히 가짜로 만드는 것은 또한 로봇이 우리를 완전히는 아니지만, 아주 가깝게 닮았기 때문에 무섭다고 인지되는 소위 '불쾌한 골짜기'라고 불리는 것을 피하게 한다. 로봇 속임수에 대한 다른 비평가들은 돌봄을 받는 사람들이 로봇이 돌봐 준다고 생각하도록 속임을 당할 때, 이것은 선을 넘고 인간의 '존엄성'을 침해한다고 주장한다.

26

Maggie L. Walker achieved national prominence as a businesswoman and community leader. She was among the earliest Black students to **[attend / attend to]**75) newly-established public schools for African Americans. After graduating, she worked as a teacher for three years at the Valley School, **[which / where]**76) she had studied. In the early 1900s, Virginia banks owned by white bankers were **[willing / unwilling]**77) to do business with African American organizations or individuals. The racial discrimination by white bankers drove her **[study / to study]**78) banking and financial laws. She established a newspaper to promote closer communication between the charitable organization she belonged to and the public. Soon after, she **[found / founded]**79) the St. Luke Penny Savings Bank, **[which / where]**80) survived the Great Depression and **[emerged / merged]**81) with two other banks. It **[decayed / thrived]**82) as the oldest continually African American-operated bank until 2009. Walker achieved successes with the vision to make improvements in the way of life for African Americans.

Maggie L. Walker는 여성 사업가와 커뮤니티 리더로서 전국적 명성을 얻었다. 그녀는 아프리카계 미국인들을 위해 새롭게 설립된 공립 학교에 다닌 초기 흑인 학생들 중 하나였다. 졸업 이후, 그녀는 그녀가 공부했던 Valley School에서 교사로서 3년 동안 근무했다. 1900년대 초반에, 백인 은행가들에 의해 소유된 Virginia의 은행들은 아프리카계 미국인의 단체나 개인들과 거래하기를 꺼렸다. 백인 은행가들에 의한 인종 차별은 그녀로 하여금 은행 금융법을 공부하게 만들었다. 그녀는 그녀가 속한 자선단체와 대중 간의 더 긴밀한 소통을 장려하고자 신문사를 설립했다. 곧이어, 그녀는 St. Luke Penny Savings Bank를 설립했는데, 그것은 대공황에서 살아남아 두 개의 다른 은행들과 합병했다. 그것은 2009년까지 지속적으로 아프리카계 미국인에 의해 운영되는 가장 오래된 은행으로서 번창했다. Walker는 아프리카계 미국인들을 위한 삶의 방식에서 개선을 이루고자 하는 비전으로 성공을 거두었다.

29

Lectins are large proteins that [**serve / serve as**]83) a crucial weapon [**that / where**]84) plants use to defend themselves. The lectins in most plants [**bind / bound**]85) to carbohydrates as we consume the plant. They also [**bind / are bound**]86) to sugar molecules [**found / founded**]87) in the gut, in the brain, between nerve endings, in joints and in all bodily fluids. According to Dr. Steven Gundry, these sticky proteins can interrupt messaging between cells and cause toxic and inflammatory reactions. Brain fog is just one result of lectins [**interrupting / interrupt**]88) communication between nerves. An upset stomach is another common symptom of lectin overload. Dr. Gundry lists a wide range of other health problems including aching joints, dementia, headaches and [**fertility / infertility**]89) that [**has / have**]90) been [**resolving / resolved**]91) in his patients once they [**eliminated / are eliminated**]92) lectins from their diets. Dr. Paul Saladino writes that the hypothesis [**that / which**]93) lectins are involved in Parkinson's disease is also gaining support, with animal studies [**showing / shown**]94) that 'lectins, once [**eating / eaten**]95) , may be [**damaging / damaged by**]96) the gut and travelling to the brain, [**which / where**]97) they appear to be toxic to dopaminergic neurons'.

* inflammatory: 염증성의

렉틴은 식물들이 그들 스스로를 방어하기 위해 사용하는 중요한 무기로서 역할을 하는 커다란 단백질이다. 대부분의 식물에 있는 렉틴은 우리가 식물을 섭취할 때 탄수화물과 결합한다. 그것들은 또한 장, 뇌, 신경 말단 사이, 관절 및 모든 체액에서 발견되는 당 분자들과 결합한다. Dr. Steven Gundry에 따르면, 이러한 끈적끈적한 단백질은 세포들 간의 메시지 전달을 방해하고 독성 및 염증성의 반응을 일으킬 수 있다. 뇌 피로 현상은 렉틴이 신경들 간의 소통을 방해하는 단지 하나의 결과에 지나지 않는다. 위장 장애는 렉틴 과다의 또 다른 흔한 증상이다. Dr. Gundry는 그의 환자들이 자신의 식단에서 렉틴을 제거하였을 때 해결되어 왔던 관절통, 치매, 두통, 그리고 불임을 포함한 광범위한 다양한 건강 문제들을 나열한다. Dr. Paul Saladino는 렉틴이 파킨슨병과 관련이 있다는 가설이 '렉틴이 일단 섭취되면, 장에 손상을 입히고 뇌로 이동해 그곳에서 그것들이 도파민 작동성 신경 세포에 독성을 일으키는 것처럼 보인다.'는 것을 보여 주는 동물 연구들과 함께 또한 지지를 얻고 있다고 기록한다.

30

Technology changes [**what / how**]98) individuals and societies understand the concept of privacy. The fact [**that / which**]99) someone has a new ability to [**access / assess**]100) information or watch the actions of another [**is / does**]101) not [**justify / justified to**]102) doing so. Rather, advances in technology require citizens and policy makers to consider how privacy protections should be [**expanded / reduced**]103) . For example, when cameras first became available for commercial and private use, nations and citizens struggled over whether new laws should be [**enacted / reacted**]104) to protect individuals from [**photographing / being photographed**]105) without their permission. The reconsideration of privacy brought about by this new technology re-affirmed a [**combination / distinction**]106) between private and public spaces. It was determined by most cultures that people automatically gave [**content / consent**]107) to being seen — and thus recorded — once they voluntarily stepped into a public space. [**Despite / Although**]108) some people might be uncomfortable with the spread of surveillance cameras, citizens in most cultures have [**adopted / adjusted**]109) to the fact that giving up the right not to [**observe / be observed**]110) in these circumstances causes less harm to the community than [**failing / falling**]111) to have surveillance.

* surveillance: 감시

기술은 개인들과 사회가 사생활의 개념을 이해하는 방식을 변화시킨다. 누군가가 정보에 접근하거나 다른 사람의 행동을 관찰하는 새로운 능력을 갖추고 있다는 사실은 그렇게 하는 것을 정당화하지 않는다. 오히려, 기술의 발전은 시민들과 정책 입안자들이 어떻게 사생활 보호가 확장되어야 하는지 고려할 것을 요구한다. 예를 들어, 카메라들이 상업적이고 사적인 용도로 처음 사용될 수 있게 되었을 때, 국가들과 시민들은 그들의 허가 없이 개인들이 사진에 찍히는 것으로부터 보호하기 위해 새로운 법들이 제정되어야 하는지에 대해 투쟁했다. 이 새로운 기술이 가져온 사생활에 대한 재고는 사적 및 공적 공간의 구별을 재확인했다. 일단 사람들이 자발적으로 공공장소에 발을 들여놓으면, 보여지고, 따라서 녹화되는 것에 자동적으로 동의하는 것으로 대부분의 문화에서 결정되었다. 일부 사람들은 감시 카메라들의 확산을 불편하게 여길지도 모르지만, 대부분의 문화권에 있는 시민들은 이러한 상황에서 관찰되지 않을 권리를 포기하는 것이 감시받지 못하는 것보다 지역 사회에 더 적은 해를 끼친다는 사실에 순응해 왔다.

31

Coincidence that is statistically impossible seems to us like an [**rational / irrational**]112) event, and some [**confine / define**]113) it as a miracle. But, as Montaigne has said, "the origin of a miracle is in our [**ignorance / intelligence**]114) , at the level of our knowledge of nature, and not in nature itself." Glorious miracles have been later on [**discovering / discovered**]115) to be [**obedience / refusal**]116) to the laws of nature or a technological development that was not widely known at the time. As the German poet, Goethe, phrased it: "Things that are [**revealed / mysterious**]117) are not yet miracles." The miracle assumes the [**intervention / exception**]118) of a "higher power" in its occurrence that is beyond human capability to grasp. Yet there are methodical and simple ways to "cause a miracle" without [**divided / divine**]119) revelation and inspiration. Instead of checking it out, investigating and finding the source of the event, we [**refine / define**]120) it as a miracle. The miracle, then, is the excuse of those who are too lazy to think.

* revelation: 계시

통계적으로 불가능한 우연은 우리에게 비이성적인 사건처럼 보이고, 어떤 이들은 그것을 기적으로 정의한다. 그러나, Montaigne가 말했듯이, "기적의 기원은 자연 그 자체가 아니라 자연에 대한 우리의 지식수준에서, 우리의 무지에 있다." 영광스러운 기적들은 자연의 법칙에 대한 순응으로서, 혹은 당시에는 널리 알려지지 않았던 기술적 발전으로서 나중에 발견되어 왔다. 독일 시인 Goethe가 그것을 표현했듯이, "'신비한' 것들은 아직 '기적'이 '아니다'." 기적은 그것의 발생에 있어서 인간이 이해할 수 있는 능력 너머의 '더 높은 힘'의 개입을 가정한다. 하지만, 신적인 계시와 영감 없이 '기적을 일으키는' 체계적이고 간단한 방법들이 있다. 그것을 확인하는 것, 즉, 그 사건의 근원을 조사하고 찾는 것 대신에, 우리는 그것을 기적으로 정의한다. 그렇다면, 기적은 생각하는 데 너무 게으른 사람들의 핑계이다.

32

Information [**countered / encountered**]121) after an event can [**effect / influence**]122) subsequent remembering. [**Internal / External**]123) information can easily integrate into a witness's memory, especially if the event was [**poorly / perfectly**]124) encoded or the memory is from a distant event, in which case time and forgetting have [**upgraded / degraded**]125) the original memory. With reduced information available in memory [**which / with which**]126) to [**confirm / conform**]127) the validity of post-event misinformation, it is [**less / more**]128) likely that this new information will be rejected. Instead, especially when it fits the witness's current thinking and can be used to create a story that makes sense to him or her, it may be integrated as part of the original experience. This process can be [**implicit / explicit**]129) (i.e., the witness knows it is happening), but it is often [**conscious / unconscious**]130) . [**That / Which**]131) is, the witness might find himself or herself thinking about the event [**different / differently**]132) without awareness. Over time, the witness may not even know the source of information that led to the (new) memory. Sources of [**information / misinformation**]133) in forensic contexts can be encountered anywhere, from discussions with other witnesses to social media searches to multiple interviews with investigators or other legal professionals, and even in court.

* forensic: 법정의

사건 후에 마주친 정보는 이후의 기억하는 것에 영향을 미칠 수 있다. 특히 사건이 불충분하게 부호화되었거나, 그 기억이 시간과 망각이 원래의 기억을 저하시켜 온 먼 사건으로부터 온 것이라면, 외부 정보는 목격자의 기억에 쉽게 통합될 수 있다. 사건 후의 잘못된 정보의 유효성을 확인하기 위해 기억에서 사용할 수 있는 줄어든 정보를 가지면, 이 새로운 정보가 덜 거부될 듯하다. 대신에, 특히 그것이 목격자의 현재 생각과 맞고 그 또는 그녀에게 이해되는 하나의 이야기를 만드는 데 사용될 수 있을 때, 그것은 원래 경험의 일부로서 통합될 수 있다. 이 과정은 명시적일 수 있지만(즉, 목격자는 그것이 일어나고 있다는 것을 알고 있다), 그것은 흔히 무의식적이다. 즉, 목격자는 의식하지 못한 채 그 사건에 대해 다르게 생각하는 그 자신 또는 그녀 자신을 발견할지도 모른다. 시간이 지남에 따라, 목격자는 (새로운) 기억으로 이끄는 정보의 출처조차 모를지도 모른다. 법정의 상황에서의 잘못된 정보의 출처는 다른 목격자들과의 토론에서부터 소셜 미디어 조사들, 수사관 또는 기타 법률 전문가들과의 다중 인터뷰들, 심지어 법정에서까지 어디에서나 마주쳐질 수 있다.

33

Correlations are [**powerful** / **powerless**]134) because the insights they offer [**is** / **are**]135) relatively clear. These insights are often covered up when we bring [**casualty** / **causality**]136) back into the picture. For instance, a used-car dealer supplied data to statisticians to predict [**where** / **which**]137) of the vehicles available for purchase at an auction [**was** / **were**]138) likely to have problems. A correlation analysis showed that orange-colored cars were far less likely [**to have** / **having**]139) defects. Even as we read this, we already think about why it might [**be** / **do**]140) so: Are orange-colored car owners likely to be car enthusiasts and take better care of their vehicles? Or, is it [**because** / **because of**]141) orange-colored cars are more noticeable on the road and therefore [**less** / **more**]142) likely to be in accidents, so they're in better condition when resold? Quickly we are caught in a web of competing [**causal** / **casual**]143) hypotheses. But our attempts to [**illuminate** / **illuminating**]144) things this way only [**make** / **makes**]145) them cloudier. Correlations exist; we can show them mathematically. We can't easily do the same for [**casual** / **causal**]146) links. So we would do well to hold off from trying to explain the reason behind the correlations.

상관관계는 그것들이 제공하는 통찰력이 비교적 명확하기 때문에 강력하다. 이러한 통찰력은 종종 우리가 인과 관계를 그 상황으로 다시 가져올 때 가려진다. 예를 들어, 한 중고차 딜러가 경매에서 구입할 수 있는 차량들 중 어떤 차량에 문제가 발생할 가능성이 있는지를 예측하기 위한 데이터를 통계학자들에게 제공했다. 한 상관관계 분석은 주황색 차들이 결함이 있을 가능성이 훨씬 적다는 것을 보여 줬다. 심지어 우리가 이것을 읽으면서도, 우리는 이미 왜 그럴지에 대해 생각한다. 주황색 차를 소유한 사람들이 자동차 애호가여서 그들의 차량을 더 잘 관리할 가능성이 있는가? 아니면, 주황색 차들이 도로에서 더 눈에 띄고, 그래서 사고가 날 가능성이 적어 재판매될 때 그것들이 상태가 더 좋은 것이기 때문인가? 곧 우리는 경쟁적인 인과 가설의 함정에 빠진다. 하지만 이런 식으로 무언가를 설명하려는 우리의 시도는 그것들을 더 흐리게 만들 뿐이다. 상관관계는 존재하며 우리는 그것들을 수학적으로 보여 줄 수 있다. 우리는 인과 관계에 대해서는 쉽게 똑같이 할 수 없다. 따라서 우리는 상관관계의 배후에 있는 이유를 설명하려 하지 않는 것이 좋다.

34

Most [**mouse** / **mice**]147) in the wild are eaten or [**die** / **are died**]148) before their life span of two years [**is** / **are**]149) over. They die from external causes, such as disease, starvation, or predators, not due [**on** / **to**]150) internal causes, such as aging. That is [**because** / **why**]151) nature has made mice to live, on average, for no [**longer** / **less**]152) than two years. Now we have [**arrived** / **arrived at**]153) an important point: The average life span of an animal species, or the rate [**in which** / **at which**]154) it ages, is determined by the average [**time** / **space**]155) that this animal species can survive in the wild. That explains why a bat can live to be 30 years old. In [**addition** / **contrast**]156) to mice, bats can fly, [**that** / **which**]157) is why they can escape from danger much faster. Thanks to their wings, bats can also cover longer distances and are better able to find food. Every genetic [**change** / **changes**]158) in the past that made [**it** / **them**]159) possible for a bat to live longer was useful, because bats are [**much** / **very**]160) better able than mice to flee from danger, find food, and survive.

야생에 있는 대부분의 쥐들은 2년의 수명이 끝나기 전에 잡아먹히거나 죽는다. 그들은 노화와 같은 '내부적인 원인들' 때문이 아니라 질병, 굶주림 또는 포식자와 같은 '외부적인 원인들'로 죽는다. 그것이 자연이 쥐를 평균적으로 2년 이상 살지 못하게 만든 이유이다. 이제 우리는 중요한 지점에 도달했다. 동물 종의 평균 수명, 또는 그것이 노화하는 속도는 이 동물 종이 야생에서 생존할 수 있는 평균시간에 의해 결정된다. 그것은 왜 박쥐가 30세까지 살 수 있는지를 설명해 준다. 쥐와 대조적으로 박쥐는 날 수 있고, 이것은 그들이 위험에서 훨씬 더 빨리 도망칠 수 있는 이유이다. 그들의 날개 덕분에, 박쥐들은 또한 더 긴 거리를 이동할 수 있고 먹이를 더 잘 찾을 수 있다. 박쥐가 더 오래 사는 것을 가능하게 해 준 과거의 모든 유전적 변화는 박쥐가 쥐보다 위험으로부터 도망치고, 먹이를 찾고, 생존하는 것을 훨씬 더 잘할 수 있기 때문에 유용했다.

35

[**Moral** / **Mortal**]161) excellence, according to Aristotle, is the result of habit and repetition, though modern science would also suggest [**that** / **whether**]162) it may have an innate, genetic component. This means that moral [**deficiency** / **excellence**]163) will be broadly set early in our lives, which is [**because** / **why**]164) the question of how early to teach it is so important. Freud suggested that we don't change our personality much after age five or thereabouts, but as in many other things, Freud was wrong. Recent [**physiological** / **psychological**]165) research shows [**that** / **where**]166) personality traits [**stabilize** / **are overturned**]167) around age thirty in both men and women and regardless of ethnicity as the human brain continues to develop, both [**neuroanatomical** / **neuroanatomically**]168) and in terms of cognitive skills, until the mid-twenties. The advantage of this new understanding is that we can be a bit more [**optimistic** / **pessimistic**]169) than Aristotle and Freud about being [**able** / **unable**]170) to teach [**moral** / **mortal**]171) excellence.

* neuroanatomically: 신경 해부학적으로

비록 현대 과학은 그것이 선천적, 즉, 유전적인 요소를 가지고 있다고 또한 주장하지만, Aristotle에 따르면 도덕적 우수성은 습관과 반복의 결과물이다. 이것은 도덕적 우수성이 우리 삶에 있어서 이른 시기에 광범위하게 설정될 것임을 의미하며, 이것이 얼마나 일찍 그것을 가르쳐야 할지에 대한 질문이 매우 중요한 이유이다. Freud는 우리가 5세 혹은 그무렵 이후에는 우리의 성격을 많이 바꾸지 않는다고 제시했지만, 다른 많은 것들에서처럼 Freud는 틀렸다. 최근의 심리 연구는 20대 중반까지 신경 해부학적으로 그리고 인지 기능 면에서 인간의 뇌가 계속해서 발달함에 따라 남성과 여성 모두에게 있어서 그리고 민족에 상관없이 성격 특성이 30세 무렵에 안정된다는 것을 보여 준다. 이 새로운 이해의 이점은 우리가 Aristotle이나 Freud보다 도덕적 우수성을 가르칠 수 있다는 점에서 조금 더 낙관적일 수 있다는 것이다.

36

The size of a species is not accidental. It's a fine-tuned [**interaction** / **interruption**]172) between a species and the world it [**inhabits** / **inhibits**]173) . Over large periods of time, size [**fluctuations** / **consistency**]174) have often signalled significant changes in the environment. Generally speaking, over the last five hundred million years, the trend has been towards animals getting [**smaller** / **larger**]175) . It's particularly notable in marine animals, whose average body size has increased 150-fold in this time. But we are beginning to see changes in this trend. Scientists have discovered that many animals are shrinking. Around the world, species in every [**categories** / **category**]176) have been found to be getting [**smaller** / **larger**]177) , and one major cause appears to be the heat. Animals [**living** / **live**]178) in the Italian Alps, for example, have seen temperatures rise by three to four degrees Celsius since the 1980s. To avoid [**overheating** / **to overheat**]179) , chamois goats now spend more of their days [**resting** / **to rest**]180) rather than searching for food, and as a result, in just a few decades, the new generations of chamois are 25 percent smaller.

종의 크기는 우연한 것이 아니다. 그것은 한 종과 그것이 서식하는 세계 사이의 미세 조정된 상호 작용이다. 오랜 시간에 걸쳐, 크기의 변동은 종종 환경에서의 상당한 변화를 나타내 왔다. 일반적으로 말해서, 지난 5억 년 동안, 그 경향은 동물들이 점점 커지는 쪽으로 되어 왔다. 그것은 특히 해양 동물들에게서 두드러지는데, 그들의 평균 몸 크기는 이 시기에 150배로 증가해 왔다. 하지만 우리는 이 경향에서 변화를 관찰하기 시작하고 있다. 과학자들은 많은 동물이 작아지고 있다는 것을 발견해 왔다. 전 세계적으로, 모든 범주의 종들이 점점 작아지고 있는 것으로 발견되어 왔고, 한 가지 주요 원인은 열인 것으로 보인다. 예를 들어, 이탈리아 알프스에 살고 있는 동물들은 1980년대 이후로 기온이 섭씨 3에서 4도까지 상승하는 것을 보아 왔다. 과열을 피하기 위해서, 샤무아 염소들은 이제 먹이를 찾는 것보다 휴식을 취하는 데 더 많은 그들의 날들을 보내고, 결과적으로, 단지 몇 십 년 만에, 새로운 세대들의 샤무아는 25% 더 작아져 있다.

37

For a long time, random sampling was a good shortcut. It made analysis of large data problems [**possible / impossible**]181) in the pre-digital era. But much as converting a digital image or song into a smaller file results [**from / in**]182) loss of data, information is lost when sampling. [**have / Having**]183) the full (or close to the full) dataset provides a lot more freedom [**to / with**]184) explore, to look at the data from different angles or to look closer at certain aspects of it. A fitting example may be the light-field camera, [**that / which**]185) captures not just a single plane of light, as with conventional cameras, but rays from the entire light field, some 11 million of them. The photographers can decide later [**that / which**]186) element of an image to focus on in the digital file. There is no need to focus at the beginning, since collecting all the information makes it [**possible / possibly**]187) to do that afterwards. [**Because / Because of**]188) rays from the entire light field [**is / are**]189) included, it is closer to all the data. As a result, the information is more "reuseable" than ordinary pictures, [**which / where**]190) the photographer has to decide what to focus on before she presses the shutter.

오랫동안, 무작위 추출법은 좋은 지름길이었다. 그것은 디지털 시대 이전에 상당한 데이터 문제분석을 가능하게 했다. 그러나 디지털 이미지나 노래를 더 작은 파일로 변환하는 것이 데이터 손실을 유발하는 것과 마찬가지로, 추출을 할 때 정보가 손실된다. 전체(또는 전체에 가까운) 데이터 세트를 가지는 것은 탐색하거나 다른 각도에서 데이터를 살펴보거나 그것의 특정 측면들을 더 자세히 보게 하는 자유를 훨씬 더 많이 제공한다. 라이트 필드카메라가 적절한 비유가 될 수 있는데, 그것은 기존 카메라처럼 한 평면의 빛만 포착할 뿐만 아니라 약 1,100만 개에 달하는 전체 라이트 필드로부터의 광선들도 포착한다. 사진사들은 디지털 파일에서 이미지의 어느 요소에 초점을 맞출지를 나중에 결정할 수 있다. 모든 정보를 수집하는 것은 그것을 나중에 하는 것을 가능하게 만들기 때문에, 처음에 초점을 맞출 필요는 없다. 전체 라이트 필드의 빛이 포함되기 때문에, 그것은 모든 데이터에 더 가깝다. 결과적으로 사진사가 셔터를 누르기 전에 그녀가 무엇에 초점을 맞출지를 결정해야 하는 일반 사진들보다 그 정보는 더 '재사용 가능'하다.

38

[**Introverted / Extroverted**]191) leaders [**do / does**]192) have to overcome the strong cultural presumption that extroverts are more effective leaders. Although the [**popularity / population**]193) splits into almost equal parts between introverts and extroverts, more than 96 percent of managers and executives are extroverted. In a study done in 2006, 65 percent of senior corporate executives viewed introversion as a [**barrier / incentive**]194) to leadership. We must reexamine this stereotype, [**in other words / however**]195) , as it doesn't always hold true. Regent University found [**that / which**]196) a desire to be of service to others and to empower them to grow, [**that / which**]197) is more common among introverts than extroverts, is a key factor in becoming a leader and [**detaining / retaining**]198) leadership. So-called servant leadership, [**dates / dating**]199) back to ancient philosophical literature, adheres to the belief [**that / which**]200) a company's goals are best achieved by helping workers or customers [**achieve / achieving**]201) their goals. Such leaders do not seek attention but rather want to shine a light on others' wins and achievements; servant leadership requires [**humility / humiliation**]202) , but that [**humility / humiliation**]203) ultimately pays off.

내향적인 리더들은 외향적인 사람들이 더 유능한 리더라는 강력한 문화적 억측을 극복해야 한다. 비록 인구는 내향적인 사람과 외향적인 사람 사이에서 거의 동등한 비율로 나뉘지만, 관리자와 임원의 96% 이상이 외향적이다. 2006년에 실시된 한 연구에서, 기업 고위 임원의 65%가 내향성을 리더십의 장애물로 간주했다. 하지만 그것이 항상 맞는 것은 아니기 때문에 우리는 이 고정 관념을 재검토해야 한다. Regent 대학교는 다른 사람들에게 도움이 되고 그들이 성장할 수 있도록 힘을 주고자 하는 열망이 리더가 되고 리더십을 유지하는 데 핵심적인 요소이고, 그것이 외향적인 사람들보다 내향적인 사람들 사이에서 더 일반적이라는 것을 발견했다. 고대 철학 문헌으로 거슬러 올라가는 소위 서번트 리더십은 한 회사의 목표가 근로자나 고객이 그들의 목표를 달성하도록 도움으로써 가장 잘 달성된다는 믿음을 고수한다. 그런 리더들은 관심을 추구하는 것이 아니라 오히려 다른 사람들의 승리와 업적에 빛을 비추고 싶어 하고, 서번트 리더십은 겸손을 필요로 하지만, 그 겸손은 궁극적으로 결실을 맺는다.

39

By the nineteenth century, France had developed a system of precisely [**defined / refined**]204) units of measurement to capture space, time, and more, and had begun to get other nations to [**adopt / adjust**]205) the same standards. Just half a century later, in the 1920s, the discoveries of quantum mechanics forever [**destroyed / enhanced**]206) the dream of comprehensive and perfect measurement. And yet, outside a relatively small circle of physicists, the mindset of humankind's drive to flawlessly measure [**continued / continuation**]207) among engineers and scientists. In the world of business it even expanded, as the precision-oriented sciences of mathematics and statistics began to influence all areas of commerce. However, [**contrary / similar**]208) to the trend of the past several decades, in many new situations [**that / where**]209) are occurring today, allowing for [**precision / imprecision**]210) — for messiness — may be a [**positive / negative**]211) feature, not a shortcoming. As a tradeoff for [**tightening / relaxing**]212) the standards of allowable errors, one can get a hold of [**much / very**]213) more data. It isn't just that "[**more / less**]214) is better than some," but that, in fact, sometimes "more is [**greater / worse**]215) than better."

19세기까지, 프랑스는 공간, 시간, 그리고 더 많은 것을 포착하기 위해 정밀하게 규정된 측정 단위의 체계를 개발했고, 다른 국가들이 동일한 기준을 채택하도록 만들기 시작했었다. 불과 반세기 후, 1920년대에, 양자 역학의 발견은 포괄적이고 완벽한 측정에 대한 꿈을 영원히 깨 버렸다. 그러나 비교적 소수 집단의 물리학자를 제외하고는 공학자와 과학자 사이에서 완벽하게 측정하려고 하는 인류의 추진정신은 계속되었다. 정확성을 지향하는 수학과 통계학이라는 과학이 상업의 모든 영역에 영향을 미치기 시작하면서 비즈니스의 세계에서 그것은 심지어 확장되었다. 그러나, 지난 수십 년간의 경향과 반대로, 오늘날 발생하는 많은 새로운 상황에서 부정확성, 즉, 번잡함을 허용하는 것은 단점이 아니라 긍정적인 특성이 될 수 있다. 허용할 오류의 기준을 완화하기 위한 거래로서 사람은 훨씬 더 많은 데이터를 얻을 수 있다. 그것은 단순히 '더 많은 것이 조금보다 더 나을' 뿐만 아니라, 사실은 때때로 '더 많은 것이 더 좋은 것보다 더 훌륭하기'도 하다.

40

Multiple laboratory studies show that [**independent / cooperative**]216) people tend to receive social advantages from others. One way to demonstrate this is to give people the opportunity to act positively or negatively toward [**contributors / distributors**]217) . For example, Pat Barclay, a professor at the University of Guelph, had participants [**play / to play**]218) a cooperative game [**which / where**]219) people could [**attribute / contribute**]220) money toward a group fund [**who / which**]221) helped all group members, and then allowed participants [**to give / to giving**]222) money to other participants based on their reputations. People who contributed more to the group fund [**gave / were given**]223) responsibility for [**more / less**]224) money than people who contributed less. Similar results have been [**finding / found**]225) by other researchers. People who contribute toward their groups are also chosen more often as interaction partners, [**preferring / preferred**]226) as leaders, rated as more [**desirous / desirable**]227) partners for long-term relationships, and are perceived to be trustworthy and have high social [**statue / status**]228) . [**Cooperative / Uncooperative**]229) people tend to receive verbal criticism or even more severe punishment.

여러 실험실 연구들은 협력적인 사람들이 다른 사람들로부터 사회적인 혜택들을 받는 경향이 있다는 것을 보여 준다. 이것을 증명하는 한 가지 방법은 사람들에게 기여자들을 향해 긍정적이거나 부정적으로 행동할 기회를 주는 것이다. 예를 들어, Guelph 대학교의 교수인, Pat Barclay는 참가자들로 하여금 모든 집단 구성원들을 도와주는 집단 기금에 사람들이 돈을 기부할 수 있는 협동 게임을 하도록 한 다음, 참가자들이 그들의 평판을 바탕으로 다른 참가자들에게 돈을 줄 수 있도록 허락했다. 집단 기금에 더 많이 기부한 사람들은 덜 기부한 사람들보다 더 많은 돈에 대한 책임이 주어졌다. 유사한 결과들이 다른 연구자들에 의해 발견되었다. 또한 그들의 집단에 기여하는 사람들은 상호 작용 파트너로서 더 자주 선택되고, 리더로서 선호되며, 장기적인 관계를 위한 더 바람직한 파트너들로서 평가되고, 신뢰할 수 있고 사회적 지위가 높은 것으로 인식된다. 비협조적인 사람들은 언어적인 비판이나 심지어 더 심한 벌을 받는 경향이 있다.

→ 연구들은 그들의 공동체에 관대함을 가지고 행동하는 사람들이 그렇게 하지 않은 사람들보다 그 공동체의 구성원들에 의해 혜택을 누릴 만하다고 보여질 가능성이 더 크다고 이야기한다.

41~42

In Western society, many music performance settings make a clear [**distinction / collaboration**]230) between performers and audience members: the performers are the "doers" and those in the audience take a decidedly [**active / passive**]231) role. The performance space itself may [**farther / further**]232) reinforce the distinction with a physical separation between the stage and audience seating. Perhaps because this distinction is so common, audiences seem to greatly value opportunities to have special "access" to performers that [**affords / affords to**]233) understanding about performers' style of music. Some performing musicians have won great approval by regularly [**incorporating / separating**]234) "audience participation" into their concerts. Whether by leading a sing-along activity or teaching a rhythm to be clapped at certain points, including audience members in the music making can [**boost / disrupt**]235) the level of engagement and enjoyment for all involved. Performers who are [**comfortable / uncomfortable**]236) leading audience participation can still connect with the audience simply by giving a special glimpse of the performer perspective. It is quite common in classical music to provide audiences [**for / with**]237) program notes. Typically, this text in a program gives background information about pieces of music being performed and perhaps biographical information about historically significant composers. What may be of more interest to audience members [**is / are**]238) background information about the very performers who are onstage, including an explanation of [**what / why**]239) they have chosen the music they are presenting. Such insight can make audience members feel [**closer / distant**]240) to the musicians onstage, both metaphorically and emotionally. This connection will likely [**enhance / ruin**]241) the expressive and communicative experience.

서양 사회에서, 많은 음악 공연 상황은 공연자와 청중 사이에 명확한 구분을 만든다. 공연자들은 '행위자들'이고, 청중 속 사람들은 분명히 수동적인 역할을 맡는다. 공연 공간 그 자체가 무대와 청중석 사이의 물리적 분리로 구분을 더 강화할 수 있다. 아마도 이러한 구분이 너무 흔하기 때문에, 청중들은 공연자의 음악 스타일에 대한 이해를 제공하는 공연자에 대한 특별한 '접근'을 할 기회들에 크게 가치를 부여하는 것처럼 보인다. 일부 공연 음악가는 정기적으로 그들의 콘서트에 '청중 참여'를 포함함으로써 큰 호응을 받아 왔다. 함께 노래 부르기 활동을 하든지 지정된 지점에서 박수를 치도록 리듬을 가르치든지, 음악을 만드는 데 있어서 청중 구성원을 포함하는 것은 모든 참여자의 참여와 즐거움의 수준을 높일 수 있다. 청중 참여를 이끄는 것에 불편함을 느끼는 공연자들은 단순히 그 공연자 관점을 특별히 흘끗 보여줌으로써 청중과 여전히 이어질 수 있다. 클래식 음악에서는 청중에게 프로그램 해설을 제공하는 것이 상당히 흔하다. 전형적으로, 이러한 프로그램의 텍스트는 연주되는 음악 작품에 대한 배경 정보와 아마도 역사적으로 중요한 작곡가들에 대한 전기(傳꾼) 정보를 제공한다. 청중들에게 더 흥미로울 수도 있는 것은 공연자들이 그들이 선보이고 있는 음악을 왜 선택했는지에 대한 설명을 포함한, 무대 위에 있는 바로 그 연주가에 관한 배경 정보이다. 그러한 통찰력은 청중들이 무대 위에 있는 음악가들에게 비유적이고 감정적으로 더 가까이 느끼게 만들 수 있다. 이러한 연결은 표현적이고 소통적인 경험을 아마 향상시킬 것이다.

43~45

Once upon a time, two brothers, Robert and James, who lived on neighboring farms fell into [**harmony / conflict**]242) . It was the first serious fight in 40 years of farming side by side. It began with a small misunderstanding and it grew into a major [**augment / argument**]243) , and finally it exploded into an exchange of bitter words [**followed / were followed**]244) by weeks of silence. One morning there was a knock on Robert's door. He opened it to find a carpenter with a toolbox. [**Looking / Looked**]245) at Robert, the carpenter said, "I'm looking for a few days' work. Do you have anything to repair?" "I have nothing to be repaired, but I have a job for you. Look across the creek at that farm. Last week, my younger brother James took his bulldozer and put that creek in the meadow between us. Well, I will do even worse. I want you to build me an 8-foot tall fence which will block him from [**seeing / seen**]246) my place," said Robert. The carpenter seemed to understand the situation. Robert prepared all the materials the carpenter needed. The next day, Robert left to work on another farm, so he couldn't watch the carpenter for some days. When Robert returned and saw the carpenter's work, his jaw dropped. Instead of a fence, the carpenter had built a bridge that stretched from one side of the creek to [**another / the other**]247) . His brother was walking over, waving his hand in the air. Robert laughed and said to the carpenter, "You really can fix anything." The two brothers stood awkwardly for a moment, but soon met on the bridge and shook hands. They saw the carpenter [**leaving / left**]248) with his toolbox. "No, wait! Stay a few more [**day / days**]249) ." Robert told him. "Thank you for your invitation. But I need to go build more bridges. Don't forget. The fence leads to [**integration / isolation**]250) and the bridge to openness," said carpenter. The two brothers nodded at the carpenter's words.

(A)
옛날 옛적에, 가까운 농장에 사는 두 형제인 Robert와 James가 갈등에 빠졌다. 그것은 함께 나란히 농사를 지은 지 40년 만에 최초의 심각한 싸움이었다. 그것은 작은 오해로 시작하여 보다 중대한 논쟁이 되었고, 마침내 그것은 독설을 주고받는 것으로 폭발했고 몇 주간의 침묵이 뒤따랐다. 어느 날 아침 Robert의 문에 노크가 있었다. 그(Robert)는 그것을 열고 공구 상자를 가진 목수를 발견했다.

(C)
Robert를 바라보며 그 목수는 말했다. "저는 며칠 동안 할 일을 찾고 있어요. 당신(Robert)은 수리할 것이 있나요?" "수리될 것은 없지만 당신이 해 줄 일이있어요. 샛강 저편에 저 농장을 보세요. 지난주에, 제 동생 James가 그의 불도저를 가지고 우리 사이의 초원에 샛강을 만들었어요. 음, 제(Robert)가 훨씬 더 나쁘게 할 거예요. 저는 당신이 그가 제 장소를 보지 못하게 막는 8피트 높이의 울타리를 지어 주기를 원해요." Robert가 말했다. 목수는 그 상황을 이해한 것처럼 보였다.

(D)
Robert는 그 목수가 필요로 하는 모든 재료들을 준비해 주었다. 다음 날, Robert는 또 다른 농장으로 일하러 떠났고, 그래서 그는 며칠 동안 그 목수를 볼 수 없었다. Robert가 돌아와서 그 목수의 작업을 보았을 때, 그의 입이 쩍 벌어졌다. 울타리 대신에, 그 목수는 샛강의 한쪽에서 다른 쪽까지 펼쳐진 다리 하나를 만들었다. 그의 동생은 그(James)의 손을 공중에 흔들며 걸어오고 있었다. Robert는 웃었고 그 목수에게 말했다. "당신은 정말로 어떤 것이든 고칠 수 있군요."

(B)
그 두 형제는 잠시 동안 어색하게 서 있었지만, 곧 다리 위에서 만나 악수를 했다. 그들은 그 목수가 그의 공구 상자를 가지고 떠나는 것을 보았다. "안 돼요, 기다려 주세요! 며칠 더 머물러 주세요." Robert가 그에게 말했다. "당신의(Robert) 초대에 감사드립니다. 하지만 저는 더 많은 다리들을 만들러 가야 해요. 잊지 마세요. 울타리는 고립으로 이끌고 다리는 관대함으로 이끕니다." 목수가 말했다. 그 두 형제는 목수의 말에 끄덕여 동의를 표시했다.

2023 고2 11월 모의고사　❷ 회차 :　　점 / 250점

❶ voca　　❷ text　　❸ [/]　　❹ _____　　❺ quiz 1　　❻ quiz 2　　❼ quiz 3　　❽ quiz 4　　❾ quiz 5

18

To whom it may concern,

I am writing to [**inform / deform**]1) you of an ongoing noise issue [**that / what**]2) I am experiencing. My apartment faces the basketball courts of the community center. [**During / While**]3) I fully support the community center's services, I am constantly being disrupted by individuals playing basketball late at night. Many nights, I struggle to fall asleep because I can hear people [**bouncing / bounced**]4) balls and [**shouting / shouted**]5) on the basketball courts well after 11 p.m.. Could you [**restrict / allow**]6) the time the basketball court is open to before 9 p.m.? I'm sure I'm not the only person in the neighborhood that is affected by this noise issue. I appreciate your assistance.

19

Chaske, a Cherokee boy, was sitting on a tree stump. As a rite of passage for youths in his tribe, Chaske had to [**survive / survive from**]7) one night in the forest [**wearing / wears**]8) a blindfold, not [**knowing / known**]9) he was observed by his father. After the sunset, Chaske could hear all kinds of noises. The wind blew the grass and shook his stump. A sense of dread [**sweeping / swept**]10) through his body. What if wild beasts are looking at me? I can't stand this! Just as he was about to take off the blindfold to run away, a voice came in from somewhere. "I'm here around you. Don't give up, and complete your mission." It was his father's voice. He has been [**watching / watched**]11) me from nearby! With just the [**absence / presence**]12) of his father, the boy regained [**fear / stability**]13) . [**That / What**]14) panicked him awfully a moment ago [**banished / vanished**]15) into thin air.

20

Agriculture [**includes / concludes**]16) a range of activities such as planting, harvesting, fertilizing, pest management, raising animals, and [**attributing / distributing**]17) food and agricultural products. It is one of the oldest and most essential human [**activity / activities**]18) , [**dates / dating**]19) back thousands of years, and [**has / have**]20) played a critical role in the development of human civilizations, allowing people [**to create / creating**] 21) stable food supplies and settle in one place. Today, agriculture remains a vital industry that [**feeds / is fed by**]22) the world's population, supports rural communities, and provides raw materials for other industries. However, agriculture faces numerous challenges such as climate change, water scarcity, soil degradation, and biodiversity loss. As the world's population continues to grow, it is essential to find sustainable solutions to address the challenges [**face / facing**]23) agriculture and ensure the continued production of food and other agricultural products.

21

The arts and aesthetics offer [**physical / emotional**]24) connection to the full range of human experience. "The arts can be [**more / less**]25) than just sugar on the tongue," Anjan Chatterjee, a professor at the University of Pennsylvania, says. "In art, when there's something challenging, which can also be [**comfortable / uncomfortable**]26) , this [**comfort / discomfort**]27) , if we're willing to [**engage / break up**]28) with it, offers the possibility of some change, some [**transformation / transportation**]29) . That can also be a powerful aesthetic experience." The arts, in this way, become vehicles to [**agree / contend**]30) with ideas and concepts that are [**easy / difficult**]31) and uncomfortable otherwise. When Picasso painted his masterpiece Guernica in 1937, he captured the heartbreaking and cruel nature of war, and [**offered / suffered**]32) the world a way to consider the universal suffering [**causing / caused by**]33) the Spanish Civil War. When Lorraine Hansberry wrote her play *A Raisin in the Sun*, she gave us a powerful story of people [**struggling / struggled**]34) with racism, [**discrimination / discretion**]35) , and the pursuit of the American dream while also offering a touching portrait of family life.

22

Many historians have pointed to the significance of [**accurate / inaccurate**]36) time measurement to Western economic [**procedure / progress**]37) . The French historian Jacques Le Goff called the birth of the public mechanical clock a turning point in Western society. Until the late Middle Ages, people had sun or water clocks, [**that / which**]38) did not play any [**meaningful / meaningless**]39) role in business activities. Market openings and activities started with the sunrise and typically ended at noon when the sun was at its peak. [**In addition / But**]40) when the first public mechanical clocks were introduced and spread across European cities, market times were set by the stroke of the hour. Public clocks thus greatly [**contributed / distributed**]41) to public life and work by providing a new concept of time that was easy for everyone to understand. This, in turn, helped [**facilitate / devastate**]42) trade and commerce. Interactions and transactions between consumers, retailers, and wholesalers became less [**regular / irregular**]43) . Important town meetings began to follow the pace of the clock, allowing people to better [**plan / planning**]44) their time and [**allocate / allocating**]45) resources in a more efficient manner.

23

Sylvan Goldman invented the shopping cart and introduced it in his stores in 1937. It was an excellent [**device / devise**]46) that would make [**it / them**]47) easy for shoppers to buy as much as they wanted without getting tired or seeking others' help. But Goldman discovered [**that / what**]48) in spite of his repeated advertisements and explanations, he could not [**permit / persuade**]49) his shoppers to use the wheeled carts. Men were [**accepting / reluctant**]50) because they thought they would appear [**strong / weak**]51) if they pushed such carts instead of carrying their shopping. Women wouldn't touch [**it / them**]52) because the carts reminded them [**that / of**]53) baby carriages. It was only a few elderly shoppers who used them. That made the carts even less [**attractive / distractive**]54) to the majority of the shoppers. Then Goldman hit upon an idea. He hired several models, men and women, of different ages and asked them to [**wheel / wheeling**]55) the carts in the store and shop. A young woman employee [**standing / stood**]56) near the entrance told the regular shoppers, 'Look, everyone is using the carts. Why don't you?' That was the turning point. A few shills [**anguished / disguised**]57) as regular shoppers easily accomplished [**that / what**]58) logic, explanations, and advertisements failed [**to do / doing**]59). Within a few weeks shoppers readily [**accepted / refused**]60) those carts.

* shill: 바람잡이

24

In response to human-like care robots, critics might charge that human-robot interactions create [**moral / mortal**]61) hazards for dementia patients. Even if [**acception / deception**]62) is sometimes allowed when it serves [**worth / worthy**]63) goals, should it be allowed for vulnerable users? Just as children on the autism spectrum with robot companions might be easily fooled into thinking of robots as friends, older adults with cognitive [**advantages / deficits**]64) might [**be / do**]65) . According to Alexis Elder, a professor at UMD, robots are false friends, [**superior / inferior**]66) to true friendship. [**Reasoning / Reasoned**]67) along similar lines, John Sullins, a professor at Sonoma State University, holds that robots should "remain iconic or cartoonish so that they are easily [**distinguished / extinguished**]68) as [**sympathetic / synthetic**]69) even by unsophisticated users." At least then no one is fooled. Making robots clearly [**fake / falsely**]70) also avoids the so-called "uncanny valley," [**which / where**]71) robots are perceived as scary because they so closely [**resemble / resemble with**]72) us, but not quite. Other critics of robot deception argue that when care [**providers / recipients**]73) are deceived into thinking that robots care, this crosses a line and [**embraces / violates**]74) human dignity.

* dementia: 치매 ** autism: 자폐성

26

Maggie L. Walker achieved national prominence as a businesswoman and community leader. She was among the earliest Black students to [**attend / attend to**]75) newly-established public schools for African Americans. After graduating, she worked as a teacher for three years at the Valley School, [**which / where**]76) she had studied. In the early 1900s, Virginia banks owned by white bankers were [**willing / unwilling**]77) to do business with African American organizations or individuals. The racial discrimination by white bankers drove her [**study / to study**]78) banking and financial laws. She established a newspaper to promote closer communication between the charitable organization she belonged to and the public. Soon after, she [**found / founded**]79) the St. Luke Penny Savings Bank, [**which / where**]80) survived the Great Depression and [**emerged / merged**]81) with two other banks. It [**decayed / thrived**]82) as the oldest continually African American-operated bank until 2009. Walker achieved successes with the vision to make improvements in the way of life for African Americans.

29

Lectins are large proteins that [**serve / serve as**]83) a crucial weapon [**that / where**]84) plants use to defend themselves. The lectins in most plants [**bind / bound**]85) to carbohydrates as we consume the plant. They also [**bind / are bound**]86) to sugar molecules [**found / founded**]87) in the gut, in the brain, between nerve endings, in joints and in all bodily fluids. According to Dr. Steven Gundry, these sticky proteins can interrupt messaging between cells and cause toxic and inflammatory reactions. Brain fog is just one result of lectins [**interrupting / interrupt**]88) communication between nerves. An upset stomach is another common symptom of lectin overload. Dr. Gundry lists a wide range of other health problems including aching joints, dementia, headaches and [**fertility / infertility**]89) that [**has / have**]90) been [**resolving / resolved**]91) in his patients once they [**eliminated / are eliminated**]92) lectins from their diets. Dr. Paul Saladino writes that the hypothesis [**that / which**]93) lectins are involved in Parkinson's disease is also gaining support, with animal studies [**showing / shown**]94) that 'lectins, once [**eating / eaten**]95) , may be [**damaging / damaged by**]96) the gut and travelling to the brain, [**which / where**]97) they appear to be toxic to dopaminergic neurons'.

* inflammatory: 염증성의

30

Technology changes [**what / how**]98) individuals and societies understand the concept of privacy. The fact [**that / which**]99) someone has a new ability to [**access / assess**]100) information or watch the actions of another [**is / does**]101) not [**justify / justified to**]102) doing so. Rather, advances in technology require citizens and policy makers to consider how privacy protections should be [**expanded / reduced**]103) . For example, when cameras first became available for commercial and private use, nations and citizens struggled over whether new laws should be [**enacted / reacted**]104) to protect individuals from [**photographing / being photographed**]105) without their permission. The reconsideration of privacy brought about by this new technology re-affirmed a [**combination / distinction**]106) between private and public spaces. It was determined by most cultures that people automatically gave [**content / consent**]107) to being seen — and thus recorded — once they voluntarily stepped into a public space. [**Despite / Although**]108) some people might be uncomfortable with the spread of surveillance cameras, citizens in most cultures have [**adopted / adjusted**]109) to the fact that giving up the right not to [**observe / be observed**]110) in these circumstances causes less harm to the community than [**failing / falling**]111) to have surveillance.

* surveillance: 감시

31

Coincidence that is statistically impossible seems to us like an [**rational / irrational**]112) event, and some [**confine / define**]113) it as a miracle. But, as Montaigne has said, "the origin of a miracle is in our [**ignorance / intelligence**]114) , at the level of our knowledge of nature, and not in nature itself." Glorious miracles have been later on [**discovering / discovered**]115) to be [**obedience / refusal**]116) to the laws of nature or a technological development that was not widely known at the time. As the German poet, Goethe, phrased it: "Things that are [**revealed / mysterious**]117) are not yet miracles." The miracle assumes the [**intervention / exception**]118) of a "higher power" in its occurrence that is beyond human capability to grasp. Yet there are methodical and simple ways to "cause a miracle" without [**divided / divine**]119) revelation and inspiration. Instead of checking it out, investigating and finding the source of the event, we [**refine / define**]120) it as a miracle. The miracle, then, is the excuse of those who are too lazy to think.

* revelation: 계시

32

Information [**countered / encountered**]121) after an event can [**effect / influence**]122) subsequent remembering. [**Internal / External**]123) information can easily integrate into a witness's memory, especially if the event was [**poorly / perfectly**]124) encoded or the memory is from a distant event, in which case time and forgetting have [**upgraded / degraded**]125) the original memory. With reduced information available in memory [**which / with which**]126) to [**confirm / conform**]127) the validity of post-event misinformation, it is [**less / more**]128) likely that this new information will be rejected. Instead, especially when it fits the witness's current thinking and can be used to create a story that makes sense to him or her, it may be integrated as part of the original experience. This process can be [**implicit / explicit**]129) (i.e., the witness knows it is happening), but it is often [**conscious / unconscious**]130) . [**That / Which**]131) is, the witness might find himself or herself thinking about the event [**different / differently**]132) without awareness. Over time, the witness may not even know the source of information that led to the (new) memory. Sources of [**information / misinformation**]133) in forensic contexts can be encountered anywhere, from discussions with other witnesses to social media searches to multiple interviews with investigators or other legal professionals, and even in court.

* forensic: 법정의

33

Correlations are [**powerful / powerless**]134) because the insights they offer [**is / are**]135) relatively clear. These insights are often covered up when we bring [**casualty / causality**]136) back into the picture. For instance, a used-car dealer supplied data to statisticians to predict [**where / which**]137) of the vehicles available for purchase at an auction [**was / were**]138) likely to have problems. A correlation analysis showed that orange-colored cars were far less likely [**to have / having**]139) defects. Even as we read this, we already think about why it might [**be / do**]140) so: Are orange-colored car owners likely to be car enthusiasts and take better care of their vehicles? Or, is it [**because / because of**]141) orange-colored cars are more noticeable on the road and therefore [**less / more**]142) likely to be in accidents, so they're in better condition when resold? Quickly we are caught in a web of competing [**causal / casual**]143) hypotheses. But our attempts to [**illuminate / illuminating**]144) things this way only [**make / makes**]145) them cloudier. Correlations exist; we can show them mathematically. We can't easily do the same for [**casual / causal**]146) links. So we would do well to hold off from trying to explain the reason behind the correlations.

34

Most [**mouse / mice**]147) in the wild are eaten or [**die / are died**]148) before their life span of two years [**is / are**]149) over. They die from external causes, such as disease, starvation, or predators, not due [**on / to**]150) internal causes, such as aging. That is [**because / why**]151) nature has made mice to live, on average, for no [**longer / less**]152) than two years. Now we have [**arrived / arrived at**]153) an important point: The average life span of an animal species, or the rate [**in which / at which**]154) it ages, is determined by the average [**time / space**]155) that this animal species can survive in the wild. That explains why a bat can live to be 30 years old. In [**addition / contrast**]156) to mice, bats can fly, [**that / which**]157) is why they can escape from danger much faster. Thanks to their wings, bats can also cover longer distances and are better able to find food. Every genetic [**change / changes**]158) in the past that made [**it / them**]159) possible for a bat to live longer was useful, because bats are [**much / very**]160) better able than mice to flee from danger, find food, and survive.

35

[**Moral / Mortal**]161) excellence, according to Aristotle, is the result of habit and repetition, though modern science would also suggest [**that / whether**]162) it may have an innate, genetic component. This means that moral [**deficiency / excellence**]163) will be broadly set early in our lives, which is [**because / why**]164) the question of how early to teach it is so important. Freud suggested that we don't change our personality much after age five or thereabouts, but as in many other things, Freud was wrong. Recent [**physiological / psychological**]165) research shows [**that / where**]166) personality traits [**stabilize / are overturned**]167) around age thirty in both men and women and regardless of ethnicity as the human brain continues to develop, both [**neuroanatomical / neuroanatomically**]168) and in terms of cognitive skills, until the mid-twenties. The advantage of this new understanding is that we can be a bit more [**optimistic / pessimistic**]169) than Aristotle and Freud about being [**able / unable**]170) to teach [**moral / mortal**]171) excellence.

* neuroanatomically: 신경 해부학적으로

36

The size of a species is not accidental. It's a fine-tuned **[interaction / interruption]**172) between a species and the world it **[inhabits / inhibits]**173) . Over large periods of time, size **[fluctuations / consistency]**174) have often signalled significant changes in the environment. Generally speaking, over the last five hundred million years, the trend has been towards animals getting **[smaller / larger]**175) . It's particularly notable in marine animals, whose average body size has increased 150-fold in this time. But we are beginning to see changes in this trend. Scientists have discovered that many animals are shrinking. Around the world, species in every **[categories / category]**176) have been found to be getting **[smaller / larger]**177) , and one major cause appears to be the heat. Animals **[living / live]**178) in the Italian Alps, for example, have seen temperatures rise by three to four degrees Celsius since the 1980s. To avoid **[overheating / to overheat]**179) , chamois goats now spend more of their days **[resting / to rest]**180) rather than searching for food, and as a result, in just a few decades, the new generations of chamois are 25 percent smaller.

37

For a long time, random sampling was a good shortcut. It made analysis of large data problems **[possible / impossible]**181) in the pre-digital era. But much as converting a digital image or song into a smaller file results **[from / in]**182) loss of data, information is lost when sampling. **[have / Having]**183) the full (or close to the full) dataset provides a lot more freedom **[to / with]**184) explore, to look at the data from different angles or to look closer at certain aspects of it. A fitting example may be the light-field camera, **[that / which]**185) captures not just a single plane of light, as with conventional cameras, but rays from the entire light field, some 11 million of them. The photographers can decide later **[that / which]**186) element of an image to focus on in the digital file. There is no need to focus at the beginning, since collecting all the information makes it **[possible / possibly]**187) to do that afterwards. **[Because / Because of]**188) rays from the entire light field **[is / are]**189) included, it is closer to all the data. As a result, the information is more "reuseable" than ordinary pictures, **[which / where]**190) the photographer has to decide what to focus on before she presses the shutter.

38

[Introverted / Extroverted]191) leaders **[do / does]**192) have to overcome the strong cultural presumption that extroverts are more effective leaders. Although the **[popularity / population]**193) splits into almost equal parts between introverts and extroverts, more than 96 percent of managers and executives are extroverted. In a study done in 2006, 65 percent of senior corporate executives viewed introversion as a **[barrier / incentive]**194) to leadership. We must reexamine this stereotype, **[in other words / however]**195) , as it doesn't always hold true. Regent University found **[that / which]**196) a desire to be of service to others and to empower them to grow, **[that / which]**197) is more common among introverts than extroverts, is a key factor in becoming a leader and **[detaining / retaining]**198) leadership. So-called servant leadership, **[dates / dating]**199) back to ancient philosophical literature, adheres to the belief **[that / which]**200) a company's goals are best achieved by helping workers or customers **[achieve / achieving]**201) their goals. Such leaders do not seek attention but rather want to shine a light on others' wins and achievements; servant leadership requires **[humility / humiliation]**202) , but that **[humility / humiliation]**203) ultimately pays off.

39

By the nineteenth century, France had developed a system of precisely [**defined / refined**]204) units of measurement to capture space, time, and more, and had begun to get other nations to [**adopt / adjust**]205) the same standards. Just half a century later, in the 1920s, the discoveries of quantum mechanics forever [**destroyed / enhanced**]206) the dream of comprehensive and perfect measurement. And yet, outside a relatively small circle of physicists, the mindset of humankind's drive to flawlessly measure [**continued / continuation**]207) among engineers and scientists. In the world of business it even expanded, as the precision-oriented sciences of mathematics and statistics began to influence all areas of commerce. However, [**contrary / similar**]208) to the trend of the past several decades, in many new situations [**that / where**]209) are occurring today, allowing for [**precision / imprecision**]210) — for messiness — may be a [**positive / negative**]211) feature, not a shortcoming. As a tradeoff for [**tightening / relaxing**]212) the standards of allowable errors, one can get a hold of [**much / very**]213) more data. It isn't just that "[**more / less**]214) is better than some," but that, in fact, sometimes "more is [**greater / worse**]215) than better."

40

Multiple laboratory studies show that [**independent / cooperative**]216) people tend to receive social advantages from others. One way to demonstrate this is to give people the opportunity to act positively or negatively toward [**contributors / distributors**]217) . For example, Pat Barclay, a professor at the University of Guelph, had participants [**play / to play**]218) a cooperative game [**which / where**]219) people could [**attribute / contribute**]220) money toward a group fund [**who / which**]221) helped all group members, and then allowed participants [**to give / to giving**]222) money to other participants based on their reputations. People who contributed more to the group fund [**gave / were given**]223) responsibility for [**more / less**]224) money than people who contributed less. Similar results have been [**finding / found**]225) by other researchers. People who contribute toward their groups are also chosen more often as interaction partners, [**preferring / preferred**]226) as leaders, rated as more [**desirous / desirable**]227) partners for long-term relationships, and are perceived to be trustworthy and have high social [**statue / status**]228) . [**Cooperative / Uncooperative**]229) people tend to receive verbal criticism or even more severe punishment.

41~42

In Western society, many music performance settings make a clear [**distinction / collaboration**]230) between performers and audience members: the performers are the "doers" and those in the audience take a decidedly [**active / passive**]231) role. The performance space itself may [**farther / further**]232) reinforce the distinction with a physical separation between the stage and audience seating. Perhaps because this distinction is so common, audiences seem to greatly value opportunities to have special "access" to performers that [**affords / affords to**]233) understanding about performers' style of music. Some performing musicians have won great approval by regularly [**incorporating / separating**]234)

"audience participation" into their concerts. Whether by leading a sing-along activity or teaching a rhythm to be clapped at certain points, including audience members in the music making can [**boost / disrupt**]235) the level of engagement and enjoyment for all involved. Performers who are [**comfortable / uncomfortable**]236) leading audience participation can still connect with the audience simply by giving a special glimpse of the performer perspective. It is quite common in classical music to provide audiences [**for / with**]237) program notes. Typically, this text in a program gives background information about pieces of music being performed and perhaps biographical information about historically significant composers. What may be of more interest to audience members [**is / are**]238) background information about the very performers who are onstage, including an explanation of [**what / why**]239) they have chosen the music they are presenting. Such insight can make audience members feel [**closer / distant**]240) to the musicians onstage, both metaphorically and emotionally. This connection will likely [**enhance / ruin**]241) the expressive and communicative experience.

43~45

Once upon a time, two brothers, Robert and James, who lived on neighboring farms fell into [**harmony / conflict**]242) . It was the first serious fight in 40 years of farming side by side. It began with a small misunderstanding and it grew into a major [**augment / argument**]243) , and finally it exploded into an exchange of bitter words [**followed / were followed**]244) by weeks of silence. One morning there was a knock on Robert's door. He opened it to find a carpenter with a toolbox. [**Looking / Looked**]245) at Robert, the carpenter said, "I'm looking for a few days' work. Do you have anything to repair?" "I have nothing to be repaired, but I have a job for you. Look across the creek at that farm. Last week, my younger brother James took his bulldozer and put that creek in the meadow between us. Well, I will do even worse. I want you to build me an 8-foot tall fence which will block him from [**seeing / seen**]246) my place," said Robert. The carpenter seemed to understand the situation. Robert prepared all the materials the carpenter needed. The next day, Robert left to work on another farm, so he couldn't watch the carpenter for some days. When Robert returned and saw the carpenter's work, his jaw dropped. Instead of a fence, the carpenter had built a bridge that stretched from one side of the creek to [another / the other]247) . His brother was walking over, waving his hand in the air. Robert laughed and said to the carpenter, "You really can fix anything." The two brothers stood awkwardly for a moment, but soon met on the bridge and shook hands. They saw the carpenter [**leaving / left**]248) with his toolbox. "No, wait! Stay a few more [**day / days**]249) ." Robert told him. "Thank you for your invitation. But I need to go build more bridges. Don't forget. The fence leads to [**integration / isolation**]250) and the bridge to openness," said carpenter. The two brothers nodded at the carpenter's words.

2023 고2 11월 모의고사   ❶ 회차 :   점 / 385점

❶ voca   ❷ text   ❸ [/]   ❹ _______   ❺ quiz 1   ❻ quiz 2   ❼ quiz 3   ❽ quiz 4   ❾ quiz 5

18

I am writing to inform you of an **o**___________ 1) noise issue that I am experiencing. My apartment faces the basketball courts of the community center. **W**___________ 2) I fully support the community center's services, I am constantly being **d**___________ 3) by **i**___________ 4) playing basketball late at night. Many nights, I **s**___________ 5) to fall asleep because I can hear people **b**___________ 6) balls and shouting on the basketball courts well after 11 p.m.. Could you **r**___________ 7) the time the basketball court is open to before 9 p.m.? I'm sure I'm not the only person in the neighborhood that is **a**___________ 8) by this noise issue. I **a**___________ 9) your assistance.

저는 제가 겪고 있는 지속되는 소음 문제에 대해 알려 드리기 위해 이 편지를 씁니다. 저의 아파트는 문화 센터의 농구 코트를 향하고 있습니다. 저는 문화 센터의 서비스를 전적으로 지지하고 있지만, 밤늦게 농구를 하는 사람들에 의해 끊임없이 방해받고 있습니다. 많은 밤마다, 밤 11시가 한참 넘어서도 저는 사람들이 농구 코트에서 공을 튀기고 소리치는 것을 들어야 해서 잠을 자는 데 애를 먹습니다. 당신은 농구 코트를 여는 시간을 밤 9시 이전으로 제한해 주실 수 있으십니까? 저는 이 근처에서 이 소음 문제에 의해 영향받는 유일한 사람이 아님을 확신합니다. 당신의 협조에 감사드립니다.

19

Chaske, a Cherokee boy, was sitting on a tree stump. As a **r**___________ 10) of passage for youths in his tribe, Chaske had to **s**___________ 11) one night in the forest wearing a blindfold, not knowing he was **o**___________ 12) by his father. After the sunset, Chaske could hear all kinds of noises. The wind blew the grass and **s**___________ 13) his stump. A sense of **d**___________ 14) swept through his body. What if wild beasts are looking at me? I can't **s**___________ 15) this! Just as he was about to **t**___________ 16) **o**___________ 17) the blindfold to run away, a voice came in from somewhere. "I'm here around you. Don't **g**___________ 18) **u**___________ 19), and complete your mission." It was his father's voice. He has been watching me from **n**___________ 20)! With just the **p**___________ 21) of his father, the boy regained stability. What panicked him awfully a moment ago **v**___________ 22) into thin air.

체로키족 소년인 Chaske는 나무 그루터기에 앉아 있었다. 그의 부족 청년들에 대한 통과 의례로, Chaske는 그의 아버지가 지켜보는 것을 모른 채로 눈가리개를 쓰고 숲속에서 하룻밤을 살아남아야 했다. 해가 지고 난 후에, Chaske는 모든 종류의 소리를 들을 수 있었다. 바람이 풀을 휘저으며 그의 그루터기를 흔들었다. 두려움이 그의 몸을 휩쓸었다. '만약 야생 짐승들이 나를 바라보고 있다면 어떡하지? 나는 이것을 견딜 수가 없어!' 그가 도망가기 위해 눈가리개를 막 벗으려고 했을 때 어디선가 한 음성이 들려왔다. "나는 여기 네 주변에 있어. 포기하지 말고 너의 임무를 완수해." 그것은 그의 아버지의 목소리였다. '그가 근처에서 나를 지켜보고 있었구나!' 그의 아버지의 존재만으로도 소년은 안정을 되찾았다. 조금 전까지 그를 끔찍하게 겁에 질리게 한 것들이 온데간데없이 사라졌다.

20

Agriculture includes a range of activities such as planting, harvesting, fertilizing, pest m___________ 23), raising animals, and distributing food and agricultural products. It is one of the oldest and most e___________ 24) human activities, dating back thousands of years, and has played a c___________ 25) role in the development of human civilizations, allowing people to create stable food s___________ 26) and settle in one place. Today, agriculture r___________ 27) a vital industry that feeds the world's population, supports rural communities, and provides r___________ 28) materials for o___________ 29) industries. However, agriculture f___________ 30) numerous c___________ 31) such as climate change, water scarcity, soil degradation, and biodiversity loss. As the world's population c___________ 32) to grow, it is essential to find s___________ 33) solutions to a___________ 34) the challenges facing agriculture and ensure the continued production of food and other agricultural products.

농업은 파종, 수확, 비료 주기, 해충 관리, 동물 사육, 그리고 식량 및 농산물 분배와 같은 다양한 활동들을 포함한다. 그것은 수천 년 전으로 거슬러 올라가는 가장 오래되고 필수적인 인간 활동 중 하나이고, 인류 문명의 발전에 중요한 역할을 해 왔으며, 사람들이 안정적인 식량을 생산하고 한곳에 정착할 수 있게 허락해 주었다. 오늘날, 농업은 전 세계 인구를 먹여 살리고 농업 공동체를 지원하며 다른 산업에 원료를 공급하는 중요한 산업으로 남아 있다. 그러나, 농업은 기후 변화, 물 부족, 토질 저하, 생물다양성 손실과 같은 수많은 문제에 직면하고 있다. 세계 인구가 계속해서 증가함에 따라, 농업이 직면한 문제를 다루고 식량과 다른 농산물의 지속적인 생산을 보장하기 위한 지속 가능한 해결책을 찾는 것이 필수적이다.

21

The arts and aesthetics offer e___________ 35) connection to the full range of human experience. "The arts can be m___________ 36) than just sugar on the tongue," Anjan Chatterjee, a professor at the University of Pennsylvania, says. "In art, when there's something c___________ 37), which can also be uncomfortable, this d___________ 38), if we're willing to e___________ 39) w___________ 40) it, offers the possibility of some change, some transformation. That can also be a p___________ 41) aesthetic e___________ 42)." The arts, in this way, become v___________ 43) to contend with ideas and concepts that are difficult and uncomfortable o___________ 44). When Picasso painted his m___________ 45) Guernica in 1937, he captured the h___________ 46) and cruel n___________ 47) of war, and offered the world a way to consider the u___________ 48) suffering caused by the Spanish Civil War. When Lorraine Hansberry wrote her play A Raisin in the Sun, she gave us a powerful story of people struggling with racism, d___________ 49), and the pursuit of the American dream while also offering a t___________ 50) portrait of family life.

예술과 미학은 다양한 인간 경험에 대한 정서적인 연결을 제공한다. "예술은 단순히 혀 위의 설탕 이상의 것이 될 수 있다,"라고 Pennsylvania 대학교의 교수인 Anjan Chatterjee는 말한다. "예술에서, 무언가 도전적인 것이 있고 그것이 또한 불편할 수 있을 때, 이 불편은, 만약 우리가 기꺼이 그것에 참여하려 한다면, 어떤 변화, 어떤 변형의 가능성을 제공한다. 그것은 또한 강력한 미적 경험이 될 수 있다." 예술은, 이런 방식으로, 그렇지 않았더라면 어렵고 불편한 아이디어 및 개념들과 싸우는 매개체가 된다. Picasso가 그의 걸작 Guernica를 1937년에 그렸을 때, 그는 가슴 아프고 잔인한 전쟁의 본질을 포착했고, 스페인 내전으로 인한 보편적인 고통을 숙고할 방법을 세상에 제공했다. Lorraine Hansberry가 그녀의 희곡 A Raisin in the Sun을 썼을 때, 그녀는 또한 가족생활에 대한 감동적인 초상화를 제공하면서 인종 차별, 차별, 아메리칸드림의 추구를 위해 고군분투하는 사람들의 강력한 이야기를 우리에게 주었다.

22

Many historians have pointed to the s__________ 51) of accurate time measurement to Western economic progress. The French historian Jacques Le Goff called the b__________ 52) of the public mechanical clock a t__________ 53) p__________ 54) in Western society. Until the late Middle Ages, people had sun or water clocks, which did not play any m__________ 55) role in business activities. Market openings and activities started with the sunrise and t__________ 56) ended at noon when the sun was at its p__________ 57). But when the first p__________ 58) mechanical clocks were i__________ 59) and spread across European cities, market times were set by the stroke of the hour. Public clocks thus g__________ _60) contributed to public life and work by providing a new c__________ 61) of time that was easy for everyone to understand. This, i__________ 62) t__________ 63), helped facilitate trade and commerce. I__________ 64) and t__________ 65) between consumers, retailers, and wholesalers became less irregular. Important town meetings began to follow the p__________ 66) of the clock, allowing people to b__________ 67) plan their time and allocate resources in a more e__________ 68) manner.

많은 역사가들은 서양의 경제적 진보에 있어서 정확한 시간 측정의 중요성을 시사해 왔다. 프랑스 역사가 Jacques Le Goff는 공공 기계 시계의 탄생을 서구 사회에서의 전환점이라고 불렀다. 중세 말기까지, 사람들은 해시계와 물시계를 가지고 있었는데, 그것들은 경제 활동에 있어서 아무런 의미 있는 역할을 하지 못했다. 시장 개장과 활동들은 일출과 함께 시작했고 태양이 최고점에 이르는 정오에 일반적으로 끝났다. 그러나 최초의 공공 기계 시계들이 도입되고 유럽 도시들 전역으로 확산되었을 때, 시장시간은 시간을 알리는 소리에 의해 정해졌다. 따라서 공공 시계들은 모든 사람이 이해하기 쉬운 시간의 새로운 개념을 제공함으로써 공공의 생활과 일에 크게 기여했다. 그 결과, 이것은 무역과 상업을 촉진하는 데 도움을 주었다. 소비자, 소매업자, 그리고 도매업자 간의 상호 작용과 거래는 덜 불규칙해졌다. 중요한 마을 회의들은 시계의 페이스를 따르기 시작했고, 이것은 사람들이 그들의 시간을 더 잘 계획하고 더 효율적인 방식으로 자원들을 분배하는 것을 허락해 주었다.

23

Sylvan Goldman i__________ 69) the shopping cart and introduced it in his stores in 1937. It was an excellent d__________ 70) that would make it easy for shoppers to buy as much as they wanted w__________ 71) getting tired or seeking others' help. But Goldman discovered that i__________ 72) s__________ 73) o__________ 74) his repeated advertisements and explanations, he could not p__________ 75) his shoppers to use the wheeled carts. Men were r__________ 76) because they thought they would a__________ 77) weak if they pushed such carts instead of carrying their shopping. Women wouldn't touch them because the carts r__________ 78) them o__________ 79) baby carriages. It was only a f__________ 80) elderly shoppers who used them. That made the carts even less a__________ 81) to the majority of the shoppers. Then Goldman hit upon an idea. He hired several models, men and women, of different ages and asked them to w__________ 82) the carts in the store and shop. A young woman e__________ 83) standing near the entrance told the regular shoppers, 'Look, everyone is using the carts. Why don't you?' That was the turning point. A few shills d__________ 84) as regular shoppers easily a__________ 85) what logic, explanations, and advertisements f__________ 86) to do. Within a few weeks shoppers readily a__________ 87) those carts.

Sylvan Goldman은 쇼핑 카트를 발명하고 1937년에 그의 가게들에 그것을 도입했다. 그것은 쇼핑객들이 지치거나 다른 사람들의 도움을 구하지 않고 그들이 원했던 만큼 구매하는 것을 쉽게 만들어 준 훌륭한 장치였다. 하지만 Goldman은 그의 반복적인 광고와 설명에도 불구하고, 그의 쇼핑객들에게 바퀴 달린 카트들을 사용하도록 설득할 수 없다는 것을 알게 됐다. 남성들은 그들의 쇼핑한 물건을 들고 다니는 대신 만약 그들이 그런 카트들을 민다면 그들이 나약해 보일 것으로 생각했기 때문에 꺼렸다. 여성들은 카트들이 그들에게 유모차를 연상시키기 때문에 그것들에 손대려 하지 않았다. 그것들을 사용하는 사람들은 오직 몇 명의 노인 쇼핑객들뿐이었다. 그것은 카트들을 대다수 쇼핑객들에게 훨씬 덜 매력적이도록 만들었다. 그때 Goldman이 한 아이디어를 떠올렸다. 그는 다른 연령대의 남자와 여자 모델들을 고용했고, 그들에게 상점에서 카트들을 밀고 쇼핑하도록 요청했다. 입구 근처에 서 있던 한 젊은 여성 직원이 일반 쇼핑객들에게 '보세요, 모든 사람이 카트를 사용하고 있습니다. 해 보는 게 어떠세요?'라고 말했다. 그것이 전환점이었다. 일반 쇼핑객들로 위장한 바람잡이들이 논리, 설명, 그리고 광고가 하지 못한 것을 쉽게 달성했다. 몇 주 만에 쇼핑객들은 그 카트들을 기꺼이 받아들였다.

24

In response to human-like c___________88) robots, critics might charge that human-robot interactions create m___________89) hazards for dementia patients. Even if deception is sometimes allowed when it s___________90) worthy goals, should it be allowed for v___________91) users? Just as children on the autism spectrum with robot c___________92) might be easily fooled into thinking of robots as friends, older adults with cognitive d___________93) might be. According to Alexis Elder, a professor at UMD, robots are f___________94) friends, inferior to true friendship. R___________95) along similar lines, John Sullins, a professor at Sonoma State University, h___________96) that robots should "remain iconic or cartoonish s___________97) t___________98) they are easily d___________99) as synthetic even by unsophisticated users." At least then no one is fooled. Making robots clearly fake also a___________100) the so-called "uncanny valley," where robots are perceived as scary because they so closely r___________101) us, but not quite. O___________102) critics of robot deception argue that when care r___________103) are deceived into thinking that robots care, this crosses a line and v___________104) human dignity.

인간을 닮은 돌봄 로봇들에 대한 반응으로, 비평가들은 인간-로봇의 상호 작용이 치매 환자들에게 도덕적 위험을 만들어 낸다고 비난할지도 모른다. 속임수가 그것이 가치 있는 목표를 달성할 때 때때로 허용된다고 하더라도, 취약한 사용자들에게 그것이 허용되어야 할까? 로봇 친구가 있는 자폐성 스펙트럼을 가진 아이들이 로봇을 친구로 생각하도록 쉽게 속을 수 있는 것처럼, 인지 결함을 가진 노인들도 그럴 수 있다. UMD의 교수인 Alexis Elder에 따르면, 로봇은 진정한 우정보다, 열등한 '가짜' 친구이다. 비슷한 방향에서 생각하자면, Sonoma 주립 대학교 교수인 John Sullins는 로봇이 '심지어 순수한 사용자들에 의해서도 그것들이 진짜가 아닌 것으로 쉽게 구별될 수 있도록 상징적이거나 만화같이 남아 있어야 한다.'라고 주장한다. 적어도 그러면 아무도 속지 않는다. 로봇을 명백히 가짜로 만드는 것은 또한 로봇이 우리를 완전히는 아니지만, 아주 가깝게 닮았기 때문에 무섭다고 인지되는 소위 '불쾌한 골짜기'라고 불리는 것을 피하게 한다. 로봇 속임수에 대한 다른 비평가들은 돌봄을 받는 사람들이 로봇이 돌봐 준다고 생각하도록 속임을 당할 때, 이것은 선을 넘고 인간의 '존엄성'을 침해한다고 주장한다.

26

Maggie L. Walker achieved national p___________105) as a businesswoman and community leader. She was among the e___________106) Black students to attend newly-established public schools for African Americans. After g___________107), she worked as a teacher for three years at the Valley School, where she had studied. In the early 1900s, Virginia banks o___________108) by white bankers were u___________109) to do business with African American organizations or individuals. The racial d___________110) by white bankers d___________111) her to study banking and financial laws. She established a newspaper to promote closer communication between the charitable organization she b___________112) t___________113) and the public. Soon after, she f___________114) the St. Luke Penny Savings Bank, which survived the Great Depression and m___________115) w___________116) two other banks. It t___________117) as the oldest continually African American-operated bank until 2009. Walker achieved successes with the vision to make i___________118) in the way of life for African Americans.

Maggie L. Walker는 여성 사업가와 커뮤니티 리더로서 전국적 명성을 얻었다. 그녀는 아프리카계 미국인들을 위해 새롭게 설립된 공립 학교에 다닌 초기 흑인 학생들 중 하나였다. 졸업 이후, 그녀는 그녀가 공부했던 Valley School에서 교사로서 3년 동안 근무했다. 1900년대 초반에, 백인 은행가들에 의해 소유된 Virginia의 은행들은 아프리카계 미국인의 단체나 개인들과 거래하기를 꺼렸다. 백인 은행가들에 의한 인종 차별은 그녀로 하여금 은행 금융법을 공부하게 만들었다. 그녀는 그녀가 속한 자선단체와 대중 간의 더 긴밀한 소통을 장려하고자 신문사를 설립했다. 곧이어, 그녀는 St. Luke Penny Savings Bank를 설립했는데, 그것은 대공황에서 살아남아 두 개의 다른 은행들과 합병했다. 그것은 2009년까지 지속적으로 아프리카계 미국인에 의해 운영되는 가장 오래된 은행으로서 번창했다. Walker는 아프리카계 미국인들을 위한 삶의 방식에서 개선을 이루고자 하는 비전으로 성공을 거두었다.

29

Lectins are large proteins that serve as a crucial w____________119) that plants use to defend t____________120). The lectins in most plants bind to carbohydrates as we c____________121) the plant. They also bind to sugar molecules found in the gut, in the brain, between nerve endings, in joints and in all bodily fluids. According to Dr. Steven Gundry, these sticky proteins can i____________122) messaging between cells and c____________123) toxic and inflammatory reactions. Brain fog is just one r____________124) of lectins interrupting communication between nerves. An upset stomach is a____________125) common symptom of lectin overload. Dr. Gundry lists a wide range of other health problems i____________126) aching joints, dementia, headaches and infertility that have been resolved in his patients o____________127) they eliminated lectins from their diets. Dr. Paul Saladino writes that the h____________128) that lectins are involved in Parkinson's disease is also gaining support, with animal studies showing that 'lectins, once e____________129), may be damaging the gut and travelling to the brain, where they appear to be t____________130) to dopaminergic neurons'.

렉틴은 식물들이 그들 스스로를 방어하기 위해 사용하는 중요한 무기로서 역할을 하는 커다란 단백질이다. 대부분의 식물에 있는 렉틴은 우리가 식물을 섭취할 때 탄수화물과 결합한다. 그것들은 또한 장, 뇌, 신경 말단 사이, 관절 및 모든 체액에서 발견되는 당 분자들과 결합한다. Dr. Steven Gundry에 따르면, 이러한 끈적끈적한 단백질은 세포들 간의 메시지 전달을 방해하고 독성 및 염증성의 반응을 일으킬 수 있다. 뇌 피로 현상은 렉틴이 신경들 간의 소통을 방해하는 단지 하나의 결과에 지나지 않는다. 위장 장애는 렉틴 과다의 또 다른 흔한 증상이다. Dr. Gundry는 그의 환자들이 자신의 식단에서 렉틴을 제거하였을 때 해결되어 왔던 관절통, 치매, 두통, 그리고 불임을 포함한 광범위한 다양한 건강 문제들을 나열한다. Dr. Paul Saladino는 렉틴이 파킨슨병과 관련이 있다는 가설이 '렉틴이 일단 섭취되면, 장에 손상을 입히고 뇌로 이동해 그곳에서 그것들이 도파민 작동성 신경 세포에 독성을 일으키는 것처럼 보인다.'는 것을 보여 주는 동물 연구들과 함께 또한 지지를 얻고 있다고 기록한다.

30

Technology changes how individuals and societies understand the c____________131) of privacy. The fact that someone has a new ability to a____________132) information or watch the actions of another does not j____________133) doing so. Rather, a____________134) in technology require citizens and policy makers to consider how privacy protections should be e____________135). For example, when cameras first became available for c____________136) and private use, nations and citizens struggled over w____________137) new laws should be e____________138) to protect individuals from being p____________139) without their permission. The reconsideration of privacy b____________140) a____________141) by this new technology re-affirmed a distinction between private and public spaces. It was d____________142) by most cultures that people automatically gave c____________143) to being seen — and thus recorded — once they v____________144) stepped into a public space. A____________145) some people might be uncomfortable with the s____________146) of surveillance cameras, citizens in most cultures have adjusted to the fact that g____________147) u____________148) the right not to be observed in these c____________149) causes less harm to the community than failing to have surveillance.

기술은 개인들과 사회가 사생활의 개념을 이해하는 방식을 변화시킨다. 누군가가 정보에 접근하거나 다른 사람의 행동을 관찰하는 새로운 능력을 갖추고 있다는 사실은 그렇게 하는 것을 정당화하지 않는다. 오히려, 기술의 발전은 시민들과 정책 입안자들이 어떻게 사생활 보호가 확장되어야 하는지 고려할 것을 요구한다. 예를 들어, 카메라들이 상업적이고 사적인 용도로 처음 사용될 수 있게 되었을 때, 국가들과 시민들은 그들의 허가 없이 개인들이 사진에 찍히는 것으로부터 보호하기 위해 새로운 법들이 제정되어야 하는지에 대해 투쟁했다. 이 새로운 기술이 가져온 사생활에 대한 재고는 사적 및 공적 공간의 구별을 재확인했다. 일단 사람들이 자발적으로 공공장소에 발을 들여놓으면, 보여지고, 따라서 녹화되는 것에 자동적으로 동의하는 것으로 대부분의 문화에서 결정되었다. 일부 사람들은 감시 카메라들의 확산을 불편하게 여길지도 모르지만, 대부분의 문화권에 있는 시민들은 이러한 상황에서 관찰되지 않을 권리를 포기하는 것이 감시받지 못하는 것보다 지역사회에 더 적은 해를 끼친다는 사실에 순응해 왔다.

31

C__________150) that is statistically impossible seems to us like an i__________151) event, and some define it as a miracle. But, as Montaigne has said, "the o__________152) of a miracle is in our i__________153), at the level of our knowledge of nature, and not in nature itself." G__________154) miracles have been later on discovered to be o__________155) to the laws of nature or a technological development that was not w__________156) known at the time. As the German poet, Goethe, phrased it: "Things that are m__________157) are not yet miracles." The miracle assumes the i__________158) of a "higher power" in its occurrence that is beyond human capability to grasp. Y__________159) there are methodical and simple ways to "cause a miracle" without d__________160) revelation and inspiration. Instead of checking it out, i__________161) and finding the source of the event, we d__________162) it as a miracle. The miracle, then, is the e__________163) of those who are too lazy to think.

통계적으로 불가능한 우연은 우리에게 비이성적인 사건처럼 보이고, 어떤 이들은 그것을 기적으로 정의한다. 그러나, Montaigne가 말했듯이, "기적의 기원은 자연 그 자체가 아니라 자연에 대한 우리의 지식수준에서, 우리의 무지에 있다." 영광스러운 기적들은 자연의 법칙에 대한 순응으로서, 혹은 당시에는 널리 알려지지 않았던 기술적 발전으로서 나중에 발견되어 왔다. 독일 시인인 Goethe가 그것을 표현했듯이, "'신비한' 것들은 아직 '기적'이 '아니다'." 기적은 그것의 발생에 있어서 인간이 이해할 수 있는 능력 너머의 '더 높은 힘'의 개입을 가정한다. 하지만, 신적인 계시와 영감 없이 '기적을 일으키는' 체계적이고 간단한 방법들이 있다. 그것을 확인하는 것, 즉, 그 사건의 근원을 조사하고 찾는 것 대신에, 우리는 그것을 기적으로 정의한다. 그렇다면, 기적은 생각하는 데 너무 게으른 사람들의 핑계이다.

32

Information encountered a__________164) an event can influence s__________165) remembering. E__________166) information can easily i__________167) into a witness's memory, especially if the event was poorly encoded or the memory is from a distant event, in which case time and forgetting have d__________168) the original memory. With r__________169) information available in memory with which to c__________170) the validity of post-event misinformation, it is l__________171) likely that this new information will be rejected. I__________172), especially when it f__________173) the witness's current thinking and can be used to create a story that m__________174) s__________175) to him or her, it may be integrated as part of the original experience. This process can be e__________176) (i.e., the witness knows it is happening), but it is often unconscious. That is, the witness might find himself or herself thinking about the event d__________177) without awareness. Over time, the witness may not even know the source of information that l__________178) t__________179) the (new) memory. Sources of m__________180) in forensic contexts can be e__________181) anywhere, from discussions with other witnesses to social media searches to multiple interviews with investigators or other legal professionals, and e__________182) in court.

사건 후에 마주친 정보는 이후의 기억하는 것에 영향을 미칠 수 있다. 특히 사건이 불충분하게 부호화되었거나, 그 기억이 시간과 망각이 원래의 기억을 저하시켜 온 먼 사건으로부터 온 것이라면, 외부 정보는 목격자의 기억에 쉽게 통합될 수 있다. 사건 후의 잘못된 정보의 유효성을 확인하기 위해 기억에서 사용할 수 있는 줄어든 정보를 가지면, 이 새로운 정보가 덜 거부될 듯하다. 대신에, 특히 그것이 목격자의 현재 생각과 맞고 그 또는 그녀에게 이해되는 하나의 이야기를 만드는 데 사용될 수 있을 때, 그것은 원래 경험의 일부로서 통합될 수 있다. 이 과정은 명시적일 수 있지만(즉, 목격자는 그것이 일어나고 있다는 것을 알고 있다), 그것은 흔히 무의식적이다. 즉, 목격자는 의식하지 못한 채 그 사건에 대해 다르게 생각하는 그 자신 또는 그녀 자신을 발견할지도 모른다. 시간이 지남에 따라, 목격자는 (새로운) 기억으로 이끄는 정보의 출처조차 모를지도 모른다. 법정의 상황에서의 잘못된 정보의 출처는 다른 목격자들과의 토론에서부터 소셜 미디어 조사들, 수사관 또는 기타 법률 전문가들과의 다중 인터뷰들, 심지어 법정에서까지 어디에서나 마주쳐질 수 있다.

33

C___________183) are powerful because the insights they offer are relatively c___________184). These insights are often covered up when we bring c___________185) back into the picture. For instance, a used-car dealer supplied data to statisticians to predict which of the vehicles available for purchase at an auction were l___________186) to have problems. A correlation analysis showed that orange-colored cars were far l___________187) likely to have defects. Even as we read this, we already think about why it might be s___________188): Are orange-colored car owners likely to be car enthusiasts and take b___________189) care of their vehicles? Or, is it because orange-colored cars are more n___________190) on the road and t___________191) less likely to be in accidents, so they're in better c___________192) when resold? Quickly we are caught in a web of **competing** c___________193) hypotheses. But our attempts to i___________194) things this way only make them cloudier. Correlations e___________195); we can show them mathematically. We can't easily do the s___________196) for causal links. So we would do well to h___________197) o___________198) from trying to explain the r___________199) behind the correlations.

상관관계는 그것들이 제공하는 통찰력이 비교적 명확하기 때문에 강력하다. 이러한 통찰력은 종종 우리가 인과 관계를 그 상황으로 다시 가져올 때 가려진다. 예를 들어, 한 중고차 딜러가 경매에서 구입할 수 있는 차량들 중 어떤 차량에 문제가 발생할 가능성이 있는지를 예측하기 위한 데이터를 통계학자들에게 제공했다. 한 상관관계 분석은 주황색 차들이 결함이 있을 가능성이 **훨씬** 적다는 것을 보여 줬다. 심지어 우리가 이것을 읽으면서도, 우리는 이미 왜 그럴지에 대해 생각한다. 주황색 차를 소유한 사람들이 자동차 애호가여서 그들의 차량을 더 잘 관리할 가능성이 있는가? 아니면, 주황색 차들이 도로에서 더 눈에 띄고, 그래서 사고가 날 가능성이 적어 재판매될 때 그것들이 상태가 더 좋은 것이기 때문인가? 곧 우리는 경쟁적인 인과 가설의 함정에 빠진다. 하지만 이런 식으로 무언가를 설명하려는 우리의 시도는 그것들을 더 흐리게 만들 뿐이다. 상관관계는 존재하며 우리는 그것들을 수학적으로 보여 줄 수 있다. 우리는 인과 관계에 대해서는 쉽게 똑같이 할 수 없다. 따라서 우리는 상관관계의 배후에 있는 이유를 설명하려 하지 않는 것이 좋다.

34

Most mice in the w___________200) are eaten or die before their l___________201) s___________202) of two years is over. They die from e___________203) causes, such as disease, starvation, or predators, not due to i___________204) causes, such as aging. That is w___________205) nature has made mice to live, on average, for n___________206) l___________207) than two years. Now we have arrived at an important point: The a___________208) life span of an animal species, or the rate a___________209) w___________210) it ages, is determined by the average time that this animal species can survive in the wild. That explains why a bat c___________211) live to be 30 years old. I___________212) c___________213) t___________214) mice, bats can fly, which is why they can escape from danger much faster. T___________215) t___________216) their wings, bats can also cover longer distances and are b___________217) able to find food. Every genetic change in the past that made it possible for a bat to live l___________218) was useful, because bats are much better able than mice to f___________219) from danger, find food, and survive.

야생에 있는 대부분의 쥐들은 2년의 수명이 끝나기 전에 잡아먹히거나 죽는다. 그들은 노화와 같은 '내부적인 원인들' 때문이 아니라 질병, 굶주림 또는 포식자와 같은 '외부적인 원인들'로 죽는다. 그것이 자연이 쥐를 평균적으로 2년 이상 살지 못하게 만든 이유이다. 이제 우리는 중요한 지점에 도달했다. 동물 종의 평균 수명, 또는 그것이 노화하는 속도는 이 동물 종이 야생에서 생존할 수 있는 평균시간에 의해 결정된다. 그것은 왜 박쥐가 30세까지 살 수 있는지를 설명해 준다. 쥐와 대조적으로 박쥐는 날 수 있고, 이것은 그들이 위험에서 **훨씬** 더 빨리 도망칠 수 있는 이유이다. 그들의 날개 덕분에, 박쥐들은 또한 더 긴 거리를 이동할 수 있고 먹이를 더 잘 찾을 수 있다. 박쥐가 더 오래 사는 것을 가능하게 해 준 과거의 모든 유전적 변화는 박쥐가 쥐보다 위험으로부터 도망치고, 먹이를 찾고, 생존하는 것을 훨씬 더 잘할 수 있기 때문에 유용했다.

35

M___________ 220) excellence, according to Aristotle, is the result of h___________ 221) and repetition, t___________ 222) modern science would also suggest that it m___________ 223) have an innate, genetic component. This means that moral excellence will be b___________ 224) set early in our lives, w___________ 225) is why the question of how early to teach it is so important. Freud suggested that we don't change our p___________ 226) much after age five or thereabouts, but as in many other things, Freud was wrong. R___________ 227) psychological research shows that personality traits s___________ 228) around age thirty in both men and women and r___________ 229) o___________ 230) ethnicity as the human brain continues to develop, b___________ 231) neuroanatomically and in terms of cognitive skills, until the mid-twenties. The a___________ 232) of this new understanding is that we can be a bit more o___________ 233) than Aristotle and Freud about being able to teach moral excellence.

비록 현대 과학은 그것이 선천적, 즉, 유전적인 요소를 가지고 있다고 또한 주장하지만, Aristotle에 따르면 도덕적 우수성은 습관과 반복의 결과물이다. 이것은 도덕적 우수성이 우리 삶에 있어서 이른 시기에 광범위하게 설정될 것임을 의미하며, 이것이 얼마나 일찍 그것을 가르쳐야 할지에 대한 질문이 매우 중요한 이유이다. Freud는 우리가 5세 혹은 그무렵 이후에는 우리의 성격을 많이 바꾸지 않는다고 제시했지만, 다른 많은 것들에서처럼 Freud는 틀렸다. 최근의 심리 연구는 20대 중반까지 신경 해부학적으로 그리고 인지 기능 면에서 인간의 뇌가 계속해서 발달함에 따라 남성과 여성 모두에게 있어서 그리고 민족에 상관없이 성격 특성이 30세 무렵에 안정된다는 것을 보여 준다. 이 새로운 이해의 이점은 우리가 Aristotle이나 Freud보다 도덕적 우수성을 가르칠 수 있다는 점에서 조금 더 낙관적일 수 있다는 것이다.

36

The size of a species is not a___________ 234). It's a fine-tuned i___________ 235) between a species and the world it inhabits. Over large periods of time, size fluctuations have often signalled significant c___________ 236) in the environment. G___________ 237) s___________ 238), over the l___________ 239) five hundred million years, the t___________ 240) has been towards animals getting larger. It's particularly n___________ 241) in marine animals, whose average body size has i___________ 242) 150-fold in this time. B___________ 243) we are beginning to see changes in this trend. Scientists have discovered that many animals are s___________ 244). Around the world, species in e___________ 245) category have been found to be getting smaller, and one m___________ 246) cause appears to be the heat. Animals l___________ 247) in the Italian Alps, for example, have seen temperatures r___________ 248) by three to four degrees Celsius since the 1980s. To avoid o___________ 249), chamois goats now spend more of their days resting r___________ 250) t___________ 251) searching for food, and as a result, in just a___________ 252) f___________ 253) decades, the new g___________ 254) of chamois are 25 percent smaller.

종의 크기는 우연한 것이 아니다. 그것은 한 종과 그것이 서식하는 세계 사이의 미세 조정된 상호 작용이다. 오랜 시간에 걸쳐, 크기의 변동은 종종 환경에서의 상당한 변화를 나타내 왔다. 일반적으로 말해서, 지난 5억 년 동안, 그 경향은 동물들이 점점 커지는 쪽으로 되어 왔다. 그것은 특히 해양 동물들에게서 두드러지는데, 그들의 평균 몸 크기는 이 시기에 150배로 증가해 왔다. 하지만 우리는 이 경향에서 변화를 관찰하기 시작하고 있다. 과학자들은 많은 동물이 작아지고 있다는 것을 발견해 왔다. 전 세계적으로, 모든 범주의 종들이 점점 작아지고 있는 것으로 발견되어 왔고, 한 가지 주요 원인은 열인 것으로 보인다. 예를 들어, 이탈리아 알프스에 살고 있는 동물들은 1980년대 이후로 기온이 섭씨 3에서 4도까지 상승하는 것을 보아 왔다. 과열을 피하기 위해서, 샤무아 염소들은 이제 먹이를 찾는 것보다 휴식을 취하는 데 더 많은 그들의 날들을 보내고, 결과적으로, 단지 몇 십 년 만에, 새로운 세대들의 샤무아는 25% 더 작아져 있다.

37

For a long time, r____________255) sampling was a good shortcut. It made analysis of large data problems p____________256) in the pre-digital era. But much as c____________257) a digital image or song into a smaller file results in loss of data, information is l____________258) when sampling. Having the full (or close to the full) dataset provides a lot more f____________259) to explore, to look at the data from different a____________260) or to look closer at certain aspects of it. A f____________261) example may be the light-field camera, w____________262) captures not just a single plane of light, as with c____________263) cameras, but rays from the e____________264) light field, some 11 million of them. The photographers can d____________265) later which element of an image to focus on in the digital file. There is no need to f____________266) at the beginning, s____________267) collecting all the information makes i____________268) possible to do that afterwards. Because rays from the entire light field are included, it is c____________269) to all the data. As a result, the information is more "reuseable" than o____________270) pictures, where the photographer has to decide what to focus on b____________271) she presses the shutter.

오랫동안, 무작위 추출법은 좋은 지름길이었다. 그것은 디지털 시대 이전에 상당한 데이터 문제분석을 가능하게 했다. 그러나 디지털 이미지나 노래를 더 작은 파일로 변환하는 것이 데이터 손실을 유발하는 것과 마찬가지로, 추출을 할 때 정보가 손실된다. 전체(또는 전체에 가까운) 데이터 세트를 가지는 것은 탐색하거나 다른 각도에서 데이터를 살펴보거나 그것의 특정 측면들을 더 자세히 보게 하는 자유를 훨씬 더 많이 제공한다. 라이트 필드카메라가 적절한 비유가 될 수 있는데, 그것은 기존 카메라처럼 한 평면의 빛만 포착할 뿐만 아니라 약 1,100만 개에 달하는 전체 라이트 필드로부터의 광선들도 포착한다. 사진사들은 디지털 파일에서 이미지의 어느 요소에 초점을 맞출지를 나중에 결정할 수 있다. 모든 정보를 수집하는 것은 그것을 나중에 하는 것을 가능하게 만들기 때문에, 처음에 초점을 맞출 필요는 없다. 전체 라이트 필드의 빛이 포함되기 때문에, 그것은 모든 데이터에 더 가깝다. 결과적으로 사진사가 셔터를 누르기 전에 그녀가 무엇에 초점을 맞출지를 결정해야 하는 일반 사진들보다 그 정보는 더 '재사용 가능'하다.

38

I____________272) leaders d____________273) have to overcome the strong cultural presumption that e____________274) are more effective leaders. A____________275) the population s____________276) into almost equal parts between introverts and extroverts, more than 96 percent of managers and executives are e____________277). In a study done in 2006, 65 percent of senior corporate executives viewed introversion as a b____________278) to leadership. We must r____________279) this stereotype, however, as it doesn't always hold t____________280). Regent University found that a d____________281) to be of service to o____________282) and to empower them to grow, which is more c____________283) among introverts than extroverts, is a k____________284) factor in becoming a leader and r____________285) leadership. So-called servant leadership, dating back to ancient philosophical literature, a____________286) to the belief that a company's goals are best achieved by helping workers or customers a____________287) their goals. Such leaders do not seek attention but r____________288) want to shine a light on others' wins and achievements; servant leadership requires humility, but that humility ultimately p____________289) o____________290).

내향적인 리더들은 외향적인 사람들이 더 유능한 리더라는 강력한 문화적 억측을 극복해야 한다. 비록 인구는 내향적인 사람과 외향적인 사람 사이에서 거의 동등한 비율로 나뉘지만, 관리자와 임원의 96% 이상이 외향적이다. 2006년에 실시된 한 연구에서, 기업 고위 임원의 65%가 내향성을 리더십의 장애물로 간주했다. 하지만 그것이 항상 맞는 것은 아니기 때문에 우리는 이 고정 관념을 재검토해야 한다. Regent 대학교는 다른 사람들에게 도움이 되고 그들이 성장할 수 있도록 힘을 주고자 하는 열망이 리더가 되고 리더십을 유지하는 데 핵심적인 요소이고, 그것이 외향적인 사람들보다 내향적인 사람들 사이에서 더 일반적이라는 것을 발견했다. 고대 철학 문헌으로 거슬러 올라가는 소위 서번트 리더십은 한 회사의 목표가 근로자나 고객이 그들의 목표를 달성하도록 도움으로써 가장 잘 달성된다는 믿음을 고수한다. 그런 리더들은 관심을 추구하는 것이 아니라 오히려 다른 사람들의 승리와 업적에 빛을 비추고 싶어 하고, 서번트 리더십은 겸손을 필요로 하지만, 그 겸손은 궁극적으로 결실을 맺는다.

39

By the nineteenth century, France had **d**__________ 291) a system of precisely defined units of measurement to **c**__________ 292) space, time, and more, and had begun to get other nations to **a**__________ 293) the same standards. Just half a century later, in the 1920s, the discoveries of quantum mechanics forever **d**__________ 294) the dream of **c**__________ 295) and perfect measurement. And yet, outside a **r**__________ 296) small circle of physicists, the mindset of humankind's **d**__________ 297) to flawlessly measure continued among engineers and scientists. In the world of business it even **e**__________ 298), as the precision-oriented sciences of mathematics and statistics began to **i**__________ _299) all areas of commerce. However, **c**__________ 300) **t**__________ 301) the trend of the past several decades, in many new situations that are occurring today, allowing for imprecision — for messiness — may be a **p**__________ 302) feature, not a shortcoming. As a **t**__________ 303) for relaxing the standards of allowable errors, one can get a hold of much **m**__________ 304) data. It isn't just that "more is better than **s**__________ 305)," but that, **i**__________ 306) **f**__________ 307), sometimes "more is greater than better."

19세기까지, 프랑스는 공간, 시간, 그리고 더 많은 것을 포착하기 위해 정밀하게 규정된 측정 단위의 체계를 개발했고, 다른 국가들이 동일한 기준을 채택하도록 만들기 시작했었다. 불과 반세기 후, 1920년대에, 양자 역학의 발견은 포괄적이고 완벽한 측정에 대한 꿈을 영원히 깨 버렸다. 그러나 비교적 소수 집단의 물리학자를 제외하고는 공학자와 과학자 사이에서 완벽하게 측정하려고 하는 인류의 추진정신은 계속되었다. 정확성을 지향하는 수학과 통계학이라는 과학이 상업의 모든 영역에 영향을 미치기 시작하면서 비즈니스의 세계에서 그것은 심지어 확장되었다. 그러나, 지난 수십 년간의 경향과 반대로, 오늘날 발생하는 많은 새로운 상황에서 부정확성, 즉, 번잡함을 허용하는 것은 단점이 아니라 긍정적인 특성이 될 수 있다. 허용할 오류의 기준을 완화하기 위한 거래로서 사람은 훨씬 더 많은 데이터를 얻을 수 있다. 그것은 단순히 '더 많은 것이 조금보다 더 나을' 뿐만 아니라, 사실은 때때로 '더 많은 것이 더 좋은 것보다 더 훌륭하기'도 하다.

40

Multiple laboratory studies show that **c**__________ 308) people tend to receive **s**__________ 309) advantages from others. One way to **d**__________ 310) this is to give people the opportunity to act positively or negatively **t**__________ 311) contributors. For example, Pat Barclay, a professor at the University of Guelph, **h**__________ 312) participants play a **c**__________ 313) game where people could contribute money toward a group fund **w**__________ 314) helped all group members, and then allowed participants to give money to **o**__________ 315) participants based on their **r**__________ 316). People who contributed more to the group fund were given **r**__________ 317) for more money **t**__________ 318) people who contributed less. **S**__________ 319) results have been found by other researchers. People who contribute toward their groups are also chosen more often as **i**__________ 320) partners, **p**__________ 321) as leaders, **r**__________ 322) as more desirable partners for long-term relationships, and are **p**__________ _323) to be trustworthy and have high social status. **U**__________ 324) people tend to receive verbal criticism or even more **s**__________ 325) punishment.

여러 실험실 연구들은 협력적인 사람들이 다른 사람들로부터 사회적인 혜택들을 받는 경향이 있다는 것을 보여 준다. 이것을 증명하는 한 가지 방법은 사람들에게 기여자들을 향해 긍정적이거나 부정적으로 행동할 기회를 주는 것이다. 예를 들어, Guelph 대학교의 교수인, Pat Barclay는 참가자들로 하여금 모든 집단 구성원들을 도와주는 집단 기금에 사람들이 돈을 기부할 수 있는 협동 게임을 하도록 한 다음, 참가자들이 그들의 평판을 바탕으로 다른 참가자들에게 돈을 줄 수 있도록 허락했다. 집단 기금에 더 많이 기부한 사람들은 덜 기부한 사람들보다 더 많은 돈에 대한 책임이 주어졌다. 유사한 결과들이 다른 연구자들에 의해 발견되었다. 또한 그들의 집단에 기여하는 사람들은 상호 작용 파트너로서 더 자주 선택되고, 리더로서 선호되며, 장기적인 관계를 위한 더 바람직한 파트너들로서 평가되고, 신뢰할 수 있고 사회적 지위가 높은 것으로 인식된다. 비협조적인 사람들은 언어적인 비판이나 심지어 더 심한 벌을 받는 경향이 있다.

41~42

In Western society, many music performance settings make a **c__________**³²⁶⁾ distinction between performers and audience members: the **p__________**³²⁷⁾ are the "doers" and **t__________**³²⁸⁾ in the **a__________**³²⁹⁾ take a decidedly passive role. The performance space **i__________**³³⁰⁾ may further reinforce the distinction with a **p__________**³³¹⁾ separation between the stage and audience seating. **P__________**³³²⁾ because this distinction is so common, audiences seem to greatly value opportunities to have special "access" to performers **t__________**³³³⁾ affords understanding about performers' style of music. **S__________**³³⁴⁾ performing musicians have won great approval by regularly **i__________**³³⁵⁾ "audience participation" into their concerts. **W__________**³³⁶⁾ by leading a sing-along activity **o__________**³³⁷⁾ teaching a rhythm to be clapped at certain points, including audience members in the music making can **b__________**³³⁸⁾ the level of **e__________**³³⁹⁾ and enjoyment for all involved. Performers who are **u__________**³⁴⁰⁾ leading audience participation can **s__________**³⁴¹⁾ connect with the audience simply by giving a special glimpse of the performer perspective. It is quite **c__________**³⁴²⁾ in classical music to provide audiences with program notes. **T__________**³⁴³⁾, this text in a program gives **b__________**³⁴⁴⁾ information about pieces of music being performed and perhaps biographical information about **h__________**³⁴⁵⁾ significant composers. **W__________**³⁴⁶⁾ may be of more interest to audience members is background information about the **v__________**³⁴⁷⁾ performers who are onstage, including an explanation of why they have chosen the music they are **p__________**³⁴⁸⁾. Such insight can make audience members feel **c__________**³⁴⁹⁾ to the musicians onstage, **b__________**³⁵⁰⁾ metaphorically and emotionally. This connection will likely **e__________**³⁵¹⁾ the **e__________**³⁵²⁾ and **c__________**³⁵³⁾ experience.

서양 사회에서, 많은 음악 공연 상황은 공연자와 청중 사이에 명확한 구분을 만든다. 공연자들은 '행위자들'이고, 청중 속 사람들은 분명히 수동적인 역할을 맡는다. 공연 공간 그 자체가 무대와 청중석 사이의 물리적 분리로 구분을 더 강화할 수 있다. 아마도 이러한 구분이 너무 흔하기 때문에, 청중들은 공연자의 음악 스타일에 대한 이해를 제공하는 공연자에 대한 특별한 '접근'을 할 기회들에 크게 가치를 부여하는 것처럼 보인다. 일부 공연 음악가는 정기적으로 그들의 콘서트에 '청중 참여'를 포함함으로써 큰 호응을 받아 왔다. 함께 노래 부르기 활동을 하든지 지정된 지점에서 박수를 치도록 리듬을 가르치든지, 음악을 만드는 데 있어서 청중 구성원을 포함하는 것은 모든 참여자의 참여와 즐거움의 수준을 높일 수 있다. 청중 참여를 이끄는 것에 불편함을 느끼는 공연자들은 단순히 그 공연자 관점을 특별히 흘끗 보여줌으로써 청중과 여전히 이어질 수 있다. 클래식 음악에서는 청중에게 프로그램 해설을 제공하는 것이 상당히 흔하다. 전형적으로, 이러한 프로그램의 텍스트는 연주되는 음악 작품에 대한 배경 정보와 아마도 역사적으로 중요한 작곡가들에 대한 전기(傳꾼) 정보를 제공한다. 청중들에게 더 흥미로울 수도 있는 것은 공연자들이 그들이 선보이고 있는 음악을 왜 선택했는지에 대한 설명을 포함한, 무대 위에 있는 바로 그 연주가에 관한 배경 정보이다. 그러한 통찰력은 청중들이 무대 위에 있는 음악가들에게 비유적이고 감정적으로 더 가까이 느끼게 만들 수 있다. 이러한 연결은 표현적이고 소통적인 경험을 아마 향상시킬 것이다.

43~45

Once upon a time, two brothers, Robert and James, who lived on n___________354) farms fell into c___________355). It was the first s___________356) fight in 40 years of farming s___________357) b___________358) s___________359). It began with a small misunderstanding and it g___________360) into a major argument, and finally it e___________361) into an e___________362) of bitter words followed by weeks of silence. One morning there was a k___________363) on Robert's door. He opened it to f___________364) a carpenter with a toolbox. L___________365) at Robert, the carpenter said, "I'm looking for a f___________366) days' work. Do you have anything to repair?" "I have n___________367) to be repaired, but I have a job for you. Look across the creek at that farm. Last week, my younger brother James t___________368) his bulldozer and p___________369) that creek in the meadow between us. Well, I will do even w___________370). I want you to build me an 8-foot tall fence which will b___________371) him from seeing my place," said Robert. The carpenter seemed to understand the situation. Robert prepared all the m___________372) the carpenter needed. The next day, Robert left to work on a___________373) farm, so he couldn't watch the carpenter for s___________374) days. When Robert returned and saw the carpenter's work, his jaw d___________375). Instead of a fence, the carpenter h___________376) b___________377) a bridge that s___________378) from one side of the creek to t___________379) o___________380). His brother was walking over, waving his hand in the air. Robert laughed and said to the carpenter, "You really can fix anything." The two brothers s___________381) awkwardly for a moment, but soon met on the bridge and shook hands. They saw the carpenter l___________382) with his toolbox. "No, wait! Stay a few more days." Robert told him. "Thank you for your i___________383). But I need to go build more bridges. Don't forget. The fence leads to i___________384) and the bridge to openness," said carpenter. The two brothers n___________385) at the carpenter's words.

옛날 옛적에, 가까운 농장에 사는 두 형제인 Robert와 James가 갈등에 빠졌다. 그것은 함께 나란히 농사를 지은 지 40년 만에 최초의 심각한 싸움이었다. 그것은 작은 오해로 시작하여 보다 중대한 논쟁이 되었고, 마침내 그것은 독설을 주고받는 것으로 폭발했고 몇 주간의 침묵이 뒤따랐다. 어느 날 아침 Robert의 문에 노크가 있었다. 그(Robert)는 그것을 열고 공구 상자를 가진 목수를 발견했다. Robert를 바라보며 그 목수는 말했다. "저는 며칠 동안 할 일을 찾고 있어요. 당신(Robert)은 수리할 것이 있나요?" "수리될 것은 없지만 당신이 해 줄 일이있어요. 샛강 저편에 저 농장을 보세요. 지난주에, 제 동생 James가 그의 불도저를 가지고 우리 사이의 초원에 샛강을 만들었어요. 음, 제(Robert)가 훨씬 더 나쁘게 할 거예요. 저는 당신이 그가 제 장소를 보지 못하게 막는 8피트 높이의 울타리를 지어 주기를 원해요." Robert가 말했다. 목수는 그 상황을 이해한 것처럼 보였다. Robert는 그 목수가 필요로 하는 모든 재료들을 준비해 주었다. 다음 날, Robert는 또 다른 농장으로 일하러 떠났고, 그래서 그는 며칠 동안 그 목수를 볼 수 없었다. Robert가 돌아와서 그 목수의 작업을 보았을 때, 그의 입이 쩍 벌어졌다. 울타리 대신에, 그 목수는 샛강의 한쪽에서 다른 쪽까지 펼쳐진 다리 하나를 만들었다. 그의 동생은 그(James)의 손을 공중에 흔들며 걸어오고 있었다. Robert는 웃었고 그 목수에게 말했다. "당신은 정말로 어떤 것이든 고칠 수 있군요." 그 두 형제는 잠시 동안 어색하게 서 있었지만, 곧 다리 위에서 만나 악수를 했다. 그들은 그 목수가 그의 공구 상자를 가지고 떠나는 것을 보았다. "안 돼요, 기다려 주세요! 며칠 더 머물러 주세요." Robert가 그에게 말했다. "당신의(Robert) 초대에 감사드립니다. 하지만 저는 더 많은 다리들을 만들러 가야 해요. 잊지 마세요. 울타리는 고립으로 이끌고 다리는 관대함으로 이끕니다." 목수가 말했다. 그 두 형제는 목수의 말에 끄덕여 동의를 표시했다.

2023 고2 11월 모의고사 ❷ 회차 : 점 / 385점

❶ voca ❷ text ❸ [/] ❹ ______ ❺ quiz 1 ❻ quiz 2 ❼ quiz 3 ❽ quiz 4 ❾ quiz 5

18

I am writing to inform you of an o___________1) noise issue that I am experiencing. My apartment faces the basketball courts of the community center. W___________2) I fully support the community center's services, I am constantly being d___________3) by i___________4) playing basketball late at night. Many nights, I s___________5) to fall asleep because I can hear people b___________6) balls and shouting on the basketball courts well after 11 p.m.. Could you r___________7) the time the basketball court is open to before 9 p.m.? I'm sure I'm not the only person in the neighborhood that is a___________8) by this noise issue. I a___________9) your assistance.

19

Chaske, a Cherokee boy, was sitting on a tree stump. As a r___________10) of passage for youths in his tribe, Chaske had to s___________11) one night in the forest wearing a blindfold, not knowing he was o___________12) by his father. After the sunset, Chaske could hear all kinds of noises. The wind blew the grass and s___________13) his stump. A sense of d___________14) swept through his body. What if wild beasts are looking at me? I can't s___________15) this! Just as he was about to t___________16) o___________17) the blindfold to run away, a voice came in from somewhere. "I'm here around you. Don't g___________18) u___________19), and complete your mission." It was his father's voice. He has been watching me from n___________20)! With just the p___________21) of his father, the boy regained stability. What panicked him awfully a moment ago v___________22) into thin air.

20

Agriculture includes a range of activities such as planting, harvesting, fertilizing, pest m___________23), raising animals, and distributing food and agricultural products. It is one of the oldest and most e___________24) human activities, dating back thousands of years, and has played a c___________25) role in the development of human civilizations, allowing people to create stable food s___________26) and settle in one place. Today, agriculture r___________27) a vital industry that feeds the world's population, supports rural communities, and provides r___________28) materials for o___________29) industries. However, agriculture f___________30) numerous c___________31) such as climate change, water scarcity, soil degradation, and biodiversity loss. As the world's population c___________32) to grow, it is essential to find s___________33) solutions to a___________34) the challenges facing agriculture and ensure the continued production of food and other agricultural products.

21

The arts and aesthetics offer **e**___________ 35) connection to the full range of human experience. "The arts can be **m**__________ 36) than just sugar on the tongue," Anjan Chatterjee, a professor at the University of Pennsylvania, says. "In art, when there's something **c**__________ 37), which can also be uncomfortable, this **d**__________ 38), if we're willing to **e**__________ 39) **w**__________ 40) it, offers the possibility of some change, some transformation. That can also be a **p**__________ 41) aesthetic **e**__________ 42)." The arts, in this way, become **v**__________ 43) to contend with ideas and concepts that are difficult and uncomfortable **o**__________ 44). When Picasso painted his **m**__________ 45) Guernica in 1937, he captured the **h**__________ 46) and cruel **n**__________ 47) of war, and offered the world a way to consider the **u**__________ 48) suffering caused by the Spanish Civil War. When Lorraine Hansberry wrote her play A Raisin in the Sun, she gave us a powerful story of people struggling with racism, **d**__________ 49), and the pursuit of the American dream while also offering a **t**__________ 50) portrait of family life.

22

Many historians have pointed to the **s**__________ 51) of accurate time measurement to Western economic progress. The French historian Jacques Le Goff called the **b**__________ 52) of the public mechanical clock a **t**__________ 53) **p**__________ 54) in Western society. Until the late Middle Ages, people had sun or water clocks, which did not play any **m**__________ 55) role in business activities. Market openings and activities started with the sunrise and **t**__________ 56) ended at noon when the sun was at its **p**__________ 57). But when the first **p**__________ 58) mechanical clocks were **i**__________ 59) and spread across European cities, market times were set by the stroke of the hour. Public clocks thus **g**__________ _60) contributed to public life and work by providing a new **c**__________ 61) of time that was easy for everyone to understand. This, **i**__________ 62) **t**__________ 63), helped facilitate trade and commerce. **l**__________ 64) and **t**__________ 65) between consumers, retailers, and wholesalers became less irregular. Important town meetings began to follow the **p**__________ 66) of the clock, allowing people to **b**__________ 67) plan their time and allocate resources in a more **e**__________ 68) manner.

23

Sylvan Goldman i__________ 69) the shopping cart and introduced it in his stores in 1937. It was an excellent d__________ 70) that would make it easy for shoppers to buy as much as they wanted w__________ 71) getting tired or seeking others' help. But Goldman discovered that i__________ 72) s__________ 73) o__________ 74) his repeated advertisements and explanations, he could not p__________ 75) his shoppers to use the wheeled carts. Men were r__________ 76) because they thought they would a__________ 77) weak if they pushed such carts instead of carrying their shopping. Women wouldn't touch them because the carts r__________ 78) them o__________ 79) baby carriages. It was only a f__________ 80) elderly shoppers who used them. That made the carts even less a__________ 81) to the majority of the shoppers. Then Goldman hit upon an idea. He hired several models, men and women, of different ages and asked them to w__________ 82) the carts in the store and shop. A young woman e__________ 83) standing near the entrance told the regular shoppers, 'Look, everyone is using the carts. Why don't you?' That was the turning point. A few shills d__________ 84) as regular shoppers easily a__________ 85) what logic, explanations, and advertisements f__________ 86) to do. Within a few weeks shoppers readily a__________ 87) those carts.

24

In response to human-like c__________ 88) robots, critics might charge that human-robot interactions create m__________ 89) hazards for dementia patients. Even if deception is sometimes allowed when it s__________ 90) worthy goals, should it be allowed for v__________ 91) users? Just as children on the autism spectrum with robot c__________ 92) might be easily fooled into thinking of robots as friends, older adults with cognitive d__________ 93) might be. According to Alexis Elder, a professor at UMD, robots are f__________ 94) friends, inferior to true friendship. R__________ 95) along similar lines, John Sullins, a professor at Sonoma State University, h__________ 96) that robots should "remain iconic or cartoonish s__________ 97) t__________ 98) they are easily d__________ 99) as synthetic even by unsophisticated users." At least then no one is fooled. Making robots clearly fake also a__________ 100) the so-called "uncanny valley," where robots are perceived as scary because they so closely r__________ _101) us, but not quite. O__________ 102) critics of robot deception argue that when care r__________ 103) are deceived into thinking that robots care, this crosses a line and v__________ 104) human dignity.

26

Maggie L. Walker achieved national **p**____________105) as a businesswoman and community leader. She was among the **e**__________106) Black students to attend newly-established public schools for African Americans. After **g**__________107), she worked as a teacher for three years at the Valley School, where she had studied. In the early 1900s, Virginia banks **o**__________108) by white bankers were **u**__________ _109) to do business with African American organizations or individuals. The racial **d**__________110) by white bankers **d**__________111) her to study banking and financial laws. She established a newspaper to promote closer communication between the charitable organization she **b**__________112) **t**__________113) and the public. Soon after, she **f**__________114) the St. Luke Penny Savings Bank, which survived the Great Depression and **m**__________115) **w**__________116) two other banks. It **t**__________117) as the oldest continually African American-operated bank until 2009. Walker achieved successes with the vision to make **i**__________118) in the way of life for African Americans.

29

Lectins are large proteins that serve as a crucial **w**__________119) that plants use to defend **t**__________120). The lectins in most plants bind to carbohydrates as we **c**__________121) the plant. They also bind to sugar molecules found in the gut, in the brain, between nerve endings, in joints and in all bodily fluids. According to Dr. Steven Gundry, these sticky proteins can **i**__________122) messaging between cells and **c**__________123) toxic and inflammatory reactions. Brain fog is just one **r**__________ _124) of lectins interrupting communication between nerves. An upset stomach is **a**__________125) common symptom of lectin overload. Dr. Gundry lists a wide range of other health problems **i**__________126) aching joints, dementia, headaches and infertility that have been resolved in his patients **o**__________127) they eliminated lectins from their diets. Dr. Paul Saladino writes that the **h**__________ _128) that lectins are involved in Parkinson's disease is also gaining support, with animal studies showing that 'lectins, once **e**__________129), may be damaging the gut and travelling to the brain, where they appear to be **t**__________130) to dopaminergic neurons'.

30

Technology changes how individuals and societies understand the c___________131) of privacy. The fact that someone has a new ability to a___________132) information or watch the actions of another does not j___________133) doing so. Rather, a___________134) in technology require citizens and policy makers to consider how privacy protections should be e___________135). For example, when cameras first became available for c___________136) and private use, nations and citizens struggled over w___________137) new laws should be e___________138) to protect individuals from being p___________139) without their permission. The reconsideration of privacy b___________140) a___________141) by this new technology re-affirmed a distinction between private and public spaces. It was d___________142) by most cultures that people automatically gave c___________143) to being seen — and thus recorded — once they v___________144) stepped into a public space. A___________145) some people might be uncomfortable with the s___________146) of surveillance cameras, citizens in most cultures have adjusted to the fact that g___________147) u___________148) the right not to be observed in these c___________149) causes less harm to the community than failing to have surveillance.

31

C___________150) that is statistically impossible seems to us like an i___________151) event, and some define it as a miracle. But, as Montaigne has said, "the o___________152) of a miracle is in our i___________153), at the level of our knowledge of nature, and not in nature itself." G___________154) miracles have been later on discovered to be o___________155) to the laws of nature or a technological development that was not w___________156) known at the time. As the German poet, Goethe, phrased it: "Things that are m___________157) are not yet miracles." The miracle assumes the i___________158) of a "higher power" in its occurrence that is beyond human capability to grasp. Y___________159) there are methodical and simple ways to "cause a miracle" without d___________160) revelation and inspiration. Instead of checking it out, i___________161) and finding the source of the event, we d___________162) it as a miracle. The miracle, then, is the e___________163) of those who are too lazy to think.

32

Information encountered **a**___________164) an event can influence **s**___________165) remembering. **E**___________166) information can easily **i**___________167) into a witness's memory, especially if the event was poorly encoded or the memory is from a distant event, in which case time and forgetting have **d**___________168) the original memory. With **r**___________169) information available in memory with which to **c**___________170) the validity of post-event misinformation, it is **l**___________171) likely that this new information will be rejected. **I**___________172), especially when it **f**___________173) the witness's current thinking and can be used to create a story that **m**___________174) **s**___________175) to him or her, it may be integrated as part of the original experience. This process can be **e**___________176) (i.e., the witness knows it is happening), but it is often unconscious. That is, the witness might find himself or herself thinking about the event **d**___________177) without awareness. Over time, the witness may not even know the source of information that **l**___________178) **t**___________179) the (new) memory. Sources of **m**___________180) in forensic contexts can be **e**___________181) anywhere, from discussions with other witnesses to social media searches to multiple interviews with investigators or other legal professionals, and **e**___________182) in court.

33

C___________183) are powerful because the insights they offer are relatively **c**___________184). These insights are often covered up when we bring **c**___________185) back into the picture. For instance, a used-car dealer supplied data to statisticians to predict which of the vehicles available for purchase at an auction were **l**___________186) to have problems. A correlation analysis showed that orange-colored cars were far **l**___________187) likely to have defects. Even as we read this, we already think about why it might be **s**___________188): Are orange-colored car owners likely to be car enthusiasts and take **b**___________189) care of their vehicles? Or, is it because orange-colored cars are more **n**___________190) on the road and **t**___________191) less likely to be in accidents, so they're in better **c**___________192) when resold? Quickly we are caught in a web of **c**___________193) hypotheses. But our attempts to **i**___________194) things this way only make them cloudier. Correlations **e**___________195); we can show them mathematically. We can't easily do the **s**___________196) for causal links. So we would do well to **h**___________197) **o**___________198) from trying to explain the **r**___________199) behind the correlations.

34

Most mice in the w______________200) are eaten or die before their l____________201) s____________202) of two years is over. They die from e____________203) causes, such as disease, starvation, or predators, not due to i____________204) causes, such as aging. That is w____________205) nature has made mice to live, on average, for n____________206) l____________207) than two years. Now we have arrived at an important point: The a____________208) life span of an animal species, or the rate a____________209) w____________210) it ages, is determined by the average time that this animal species can survive in the wild. That explains why a bat c____________211) live to be 30 years old. l____________212) c____________213) t____________214) mice, bats can fly, which is why they can escape from danger much faster. T____________215) t____________216) their wings, bats can also cover longer distances and are b____________217) able to find food. Every genetic change in the past that made it possible for a bat to live l____________218) was useful, because bats are much better able than mice to f____________219) from danger, find food, and survive.

35

M____________220) excellence, according to Aristotle, is the result of h____________221) and repetition, t____________222) modern science would also suggest that it m____________223) have an innate, genetic component. This means that moral excellence will be b____________224) set early in our lives, w____________225) is why the question of how early to teach it is so important. Freud suggested that we don't change our p____________226) much after age five or thereabouts, but as in many other things, Freud was wrong. R____________227) psychological research shows that personality traits s____________228) around age thirty in both men and women and r____________229) o____________230) ethnicity as the human brain continues to develop, b____________231) neuroanatomically and in terms of cognitive skills, until the mid-twenties. The a____________232) of this new understanding is that we can be a bit more o____________233) than Aristotle and Freud about being able to teach moral excellence.

36

The size of a species is not a____________234). It's a fine-tuned i____________235) between a species and the world it inhabits. Over large periods of time, size fluctuations have often signalled significant c____________236) in the environment. G____________237) s____________238), over the l____________239) five hundred million years, the t____________240) has been towards animals getting larger. It's particularly n____________241) in marine animals, whose average body size has i____________242) 150-fold in this time. B____________243) we are beginning to see changes in this trend. Scientists have discovered that many animals are s____________244). Around the world, species in e____________245) category have been found to be getting smaller, and one m____________246) cause appears to be the heat. Animals l____________247) in the Italian Alps, for example, have seen temperatures r____________248) by three to four degrees Celsius since the 1980s. To avoid o____________249), chamois goats now spend more of their days resting r____________250) t____________251) searching for food, and as a result, in just a____________252) f____________253) decades, the new g____________254) of chamois are 25 percent smaller.

37

For a long time, **r**___________**255)** sampling was a good shortcut. It made analysis of large data problems **p**___________**256)** in the pre-digital era. But much as **c**___________**257)** a digital image or song into a smaller file results in loss of data, information is **l**___________**258)** when sampling. Having the full (or close to the full) dataset provides a lot more **f**___________**259)** to explore, to look at the data from different **a**___________**260)** or to look closer at certain aspects of it. A **f**___________**261)** example may be the light-field camera, **w**___________**262)** captures not just a single plane of light, as with **c**___________**263)** cameras, but rays from the **e**___________**264)** light field, some 11 million of them. The photographers can **d**___________**265)** later which element of an image to focus on in the digital file. There is no need to **f**___________**266)** at the beginning, **s**___________**267)** collecting all the information makes **i**___________**268)** possible to do that afterwards. Because rays from the entire light field are included, it is **c**___________**269)** to all the data. As a result, the information is more "reuseable" than **o**___________**270)** pictures, where the photographer has to decide what to focus on **b**___________**271)** she presses the shutter.

38

l___________**272)** leaders **d**___________**273)** have to overcome the strong cultural presumption that **e**___________**274)** are more effective leaders. **A**___________**275)** the population **s**___________**276)** into almost equal parts between introverts and extroverts, more than 96 percent of managers and executives are **e**___________**277)**. In a study done in 2006, 65 percent of senior corporate executives viewed introversion as a **b**___________**278)** to leadership. We must **r**___________**279)** this stereotype, however, as it doesn't always hold **t**___________**280)**. Regent University found that a **d**___________**281)** to be of service to **o**___________**282)** and to empower them to grow, which is more **c**___________**283)** among introverts than extroverts, is a **k**___________**284)** factor in becoming a leader and **r**___________**285)** leadership. So-called servant leadership, dating back to ancient philosophical literature, **a**___________**286)** to the belief that a company's goals are best achieved by helping workers or customers **a**___________**287)** their goals. Such leaders do not seek attention but **r**___________**288)** want to shine a light on others' wins and achievements; servant leadership requires humility, but that humility ultimately **p**___________**289)** **o**___________**290)**.

39

By the nineteenth century, France had d__________291) a system of precisely defined units of measurement to c__________292) space, time, and more, and had begun to get other nations to a__________293) the same standards. Just half a century later, in the 1920s, the discoveries of quantum mechanics forever d__________294) the dream of c__________295) and perfect measurement. And yet, outside a r__________296) small circle of physicists, the mindset of humankind's d__________297) to flawlessly measure continued among engineers and scientists. In the world of business it even e__________298), as the precision-oriented sciences of mathematics and statistics began to i__________299) all areas of commerce. However, c__________300) t__________301) the trend of the past several decades, in many new situations that are occurring today, allowing for imprecision — for messiness — may be a p__________302) feature, not a shortcoming. As a t__________303) for relaxing the standards of allowable errors, one can get a hold of much m__________304) data. It isn't just that "more is better than s__________305)," but that, i__________306) f__________307), sometimes "more is greater than better."

40

Multiple laboratory studies show that c__________308) people tend to receive s__________309) advantages from others. One way to d__________310) this is to give people the opportunity to act positively or negatively t__________311) contributors. For example, Pat Barclay, a professor at the University of Guelph, h__________312) participants play a c__________313) game where people could contribute money toward a group fund w__________314) helped all group members, and then allowed participants to give money to o__________315) participants based on their r__________316). People who contributed more to the group fund were given r__________317) for more money t__________318) people who contributed less. S__________319) results have been found by other researchers. People who contribute toward their groups are also chosen more often as i__________320) partners, p__________321) as leaders, r__________322) as more desirable partners for long-term relationships, and are p__________323) to be trustworthy and have high social status. U__________324) people tend to receive verbal criticism or even more s__________325) punishment.

41~42

In Western society, many music performance settings make a c__________326) distinction between performers and audience members: the p__________327) are the "doers" and t__________328) in the a__________329) take a decidedly passive role. The performance space i__________330) may further reinforce the distinction with a p__________331) separation between the stage and audience seating. P__________332) because this distinction is so common, audiences seem to greatly value opportunities to have special "access" to performers t__________333) affords understanding about performers' style of music. S__________334) performing musicians have won great approval by regularly i__________335) "audience participation" into their concerts. W__________336) by leading a sing-along activity o__________337) teaching a rhythm to be clapped at certain points, including audience members in the music making can b__________338) the level of e__________339) and enjoyment for all involved. Performers who are u__________340) leading audience participation can s__________341) connect with the audience simply by giving a special glimpse of the performer perspective. It is quite c__________342) in classical music to provide audiences with program notes. T__________343), this text in a program gives b__________344) information about pieces of music being performed and perhaps biographical information about h__________345) significant composers. W__________346) may be of more interest to audience members is background information about the v__________347) performers who are onstage, including an explanation of why they have chosen the music they are p__________348). Such insight can make audience members feel c__________349) to the musicians onstage, b__________350) metaphorically and emotionally. This connection will likely e__________351) the e__________352) and c__________353) experience.

43~45

Once upon a time, two brothers, Robert and James, who lived on n__________354) farms fell into c__________355). It was the first s__________356) fight in 40 years of farming s__________357) b__________358) s__________359). It began with a small misunderstanding and it g__________360) into a major argument, and finally it e__________361) into an e__________362) of bitter words followed by weeks of silence. One morning there was a k__________363) on Robert's door. He opened it to f__________364) a carpenter with a toolbox. L__________365) at Robert, the carpenter said, "I'm looking for a f__________366) days' work. Do you have anything to repair?" "I have n__________367) to be repaired, but I have a job for you. Look across the creek at that farm. Last week, my younger brother James t__________368) his bulldozer and p__________369) that creek in the meadow between us. Well, I will do even w__________370). I want you to build me an 8-foot tall fence which will b__________371) him from seeing my place," said Robert. The carpenter seemed to understand the situation. Robert prepared all the m__________372) the carpenter needed. The next day, Robert left to work on a__________373) farm, so he couldn't watch the carpenter for s__________374) days. When Robert returned and saw the carpenter's work, his jaw d__________375). Instead of a fence, the carpenter h__________376) b__________377) a bridge that s__________378) from one side of the creek to t__________379) o__________380). His brother was walking over, waving his hand in the air. Robert laughed and said to the carpenter, "You really can fix anything." The two brothers s__________381) awkwardly for a moment, but soon met on the bridge and shook hands. They saw the carpenter l__________382) with his toolbox. "No, wait! Stay a few more days." Robert told him. "Thank you for your i__________383). But I need to go build more bridges. Don't forget. The fence leads to i__________384) and the bridge to openness," said carpenter. The two brothers n__________385) at the carpenter's words.

2023 고2 11월 모의고사

☑ **다음 글을 읽고 물음에 답하시오.** (18)

> While I fully support the community center's services, I am constantly being disrupted by individuals playing basketball late at night.

To whom it may concern, I am writing to inform you of an ongoing noise issue that I am experiencing. (①) My apartment faces the basketball courts of the community center. (②) Many nights, I struggle to fall asleep because I can hear people bouncing balls and shouting on the basketball courts well after 11 p.m.. (③) Could you restrict the time the basketball court is open to before 9 p.m.? (④) I'm sure I'm not the only person in the neighborhood that is affected by this noise issue. (⑤) I appreciate your assistance.Sincerely, Ian Baldwin

1. 1)글의 흐름으로 보아, 주어진 문장이 들어가기에 가장 적절한 곳은?

☑ **다음 글을 읽고 물음에 답하시오.** (19)

> With just the presence of his father, the boy regained stability. What panicked him awfully a moment ago vanished into thin air. 20

Chaske, a Cherokee boy, was sitting on a tree stump. As a rite of passage for youths in his tribe, Chaske had to survive one night in the forest wearing a blindfold, not knowing he was observed by his father. After the sunset, Chaske could hear all kinds of noises. The wind blew the grass and shook his stump. A sense of dread swept through his body. (①) What if wild beasts are looking at me? I can't stand this! (②) Just as he was about to take off the blindfold to run away, a voice came in from somewhere. (③) "I'm here around you. Don't give up, and complete your mission". (④) It was his father's voice. (⑤) He has been watching me from nearby!

2. 2)글의 흐름으로 보아, 주어진 문장이 들어가기에 가장 적절한 곳은?

☑ **다음 글을 읽고 물음에 답하시오.** (21)

> The arts, in this way, become vehicles to contend with ideas and concepts that are difficult and uncomfortable otherwise.

The arts and aesthetics offer emotional connection to the full range of human experience. (①) "The arts can be more than just sugar on the tongue", Anjan Chatterjee, a professor at the University of Pennsylvania, says. (②) "In art, when there's something challenging, which can also be uncomfortable, this discomfort, if we're willing to engage with it, offers the possibility of some change, some transformation. (③) That can also be a powerful aesthetic experience". (④) When Picasso painted his masterpiece Guernica in 1937, he captured the heartbreaking and cruel nature of war, and offered the world a way to consider the universal suffering caused by the Spanish Civil War. (⑤) When Lorraine Hansberry wrote her play A Raisin in the Sun, she gave us a powerful story of people struggling with racism, discrimination, and the pursuit of the American dream while also offering a touching portrait of family life.

1. 3)글의 흐름으로 보아, 주어진 문장이 들어가기에 가장 적절한 곳은?

☑ **다음 글을 읽고 물음에 답하시오.** (22)

> But when the first public mechanical clocks were introduced and spread across European cities, market times were set by the stroke of the hour.

Many historians have pointed to the significance of accurate time measurement to Western economic progress. The French historian Jacques Le Goff called the birth of the public mechanical clock a turning point in Western society. Until the late Middle Ages, people had sun or water clocks, which did not play any meaningful role in business activities. (①) Market openings and activities started with the sunrise and typically ended at noon when the sun was at its peak. (②) Public clocks thus greatly contributed to public life and work by providing a new concept of time that was easy for everyone to understand. (③) This, in turn, helped facilitate trade and commerce. (④) Interactions and transactions between consumers, retailers, and wholesalers became less irregular. (⑤) Important town meetings began to follow the pace of the clock, allowing people to better plan their time and allocate resources in a more efficient manner.

2. 4)글의 흐름으로 보아, 주어진 문장이 들어가기에 <u>가장 적절한</u> 곳은?

☑ **다음 글을 읽고 물음에 답하시오.** (22)

> This, in turn, helped facilitate trade and commerce.

Many historians have pointed to the significance of accurate time measurement to Western economic progress. The French historian Jacques Le Goff called the birth of the public mechanical clock a turning point in Western society. Until the late Middle Ages, people had sun or water clocks, which did not play any meaningful role in business activities. (①) Market openings and activities started with the sunrise and typically ended at noon when the sun was at its peak. (②) But when the first public mechanical clocks were introduced and spread across European cities, market times were set by the stroke of the hour. (③) Public clocks thus greatly contributed to public life and work by providing a new concept of time

that was easy for everyone to understand. (④) Interactions and transactions between consumers, retailers, and wholesalers became less irregular. (⑤) Important town meetings began to follow the pace of the clock, allowing people to better plan their time and allocate resources in a more efficient manner.

3. 5)글의 흐름으로 보아, 주어진 문장이 들어가기에 <u>가장 적절한</u> 곳은?

☑ **다음 글을 읽고 물음에 답하시오.** (23)

> That was the turning point.

Sylvan Goldman invented the shopping cart and introduced it in his stores in 1937. It was an excellent device that would make it easy for shoppers to buy as much as they wanted without getting tired or seekingothers' help. But Goldman discovered that in spite of his repeated advertisements and explanations, he could not persuade his shoppers to use the wheeled carts. Men were reluctant because they thought they would appear weak if they pushed such carts instead of carrying their shopping. Women wouldn't touch them because the carts reminded them of baby carriages. (①) It was only a few elderly shoppers who used them. (②) That made the carts even less attractive to the majority of the shoppers. (③) Then Goldman hit upon an idea. He hired several models, men and women, of different ages and asked them to wheel the carts in the store and shop. (④) A young woman employee standing near the entrance told the regular shoppers, 'Look, everyone is using the carts. Why don't you'? (⑤) A few shills disguised as regular shoppers easily accomplished what logic, explanations, and advertisements failed to do. Within a few weeks shoppers readily accepted those carts.

4. 6)글의 흐름으로 보아, 주어진 문장이 들어가기에 <u>가장 적절한</u> 곳은?

☑ **다음 글을 읽고 물음에 답하시오.** (23)

> That made the carts even less attractive to the majority of the shoppers.

Sylvan Goldman invented the shopping cart and introduced it in his stores in 1937. It was an excellent device that would make it easy for shoppers to buy as much as they wanted without getting tired or seekingothers' help. But Goldman discovered that in spite of his repeated advertisements and explanations, he could not persuade his shoppers to use the wheeled carts. Men were reluctant because they thought they would appear weak if they pushed such carts instead of carrying their shopping. Women wouldn't touch them because the carts reminded them of baby carriages. (①) It was only a few elderly shoppers who used them. (②) Then Goldman hit upon an idea. He hired several models, men and women, of different ages and asked them to wheel the carts in the store and shop. (③) A young woman employee standing near the entrance told the regular shoppers, 'Look, everyone is using the carts. Why don't you'? (④) That was the turning point. (⑤) A few shills disguised as regular shoppers easily accomplished what logic, explanations, and advertisements failed to do. Within a few weeks shoppers readily accepted those carts.

5. 7)글의 흐름으로 보아, 주어진 문장이 들어가기에 <u>가장 적절한</u> 곳은?

☑ **다음 글을 읽고 물음에 답하시오.** (24)

> At least then no one is fooled.

In response to human-like care robots, critics might charge that human-robot interactions create moral hazards for dementia patients. Even if deception is sometimes allowed when it serves worthy goals, should it be allowed for vulnerable users? (①) Just as children on the autism spectrum with robot companions might be easily fooled into thinking of robots as friends, older adults with cognitive deficits might be. (②) According to Alexis Elder, a professor at UMD, robots are false friends, inferior to true friendship. (③) Reasoning along similar lines, John Sullins, a professor at Sonoma State University, holds that robots should "remain iconic or cartoonish so that they are easily distinguished as synthetic even by unsophisticated users". (④) Making robots clearly fake also avoids the so-called "uncanny valley", where robots are perceived as scary because they so closely resemble us, but not quite. (⑤) Other critics of robot deception argue that when care recipients are deceived into thinking that robots care, this crosses a line and violates human dignity.

6. 8)글의 흐름으로 보아, 주어진 문장이 들어가기에 <u>가장 적절한</u> 곳은?

☑ **다음 글을 읽고 물음에 답하시오.** (26)

> It thrived as the oldest continually African American-operated bank until 2009.

Maggie L. Walker achieved national prominence as a businesswoman and community leader. She was among the earliest Black students to attend newly-established public schools for African Americans. After graduating, she worked as a teacher for three years at the Valley School, where she had studied. (①) In the early 1900s, Virginia banks owned by white bankers were unwilling to do business with African American organizations or individuals. (②) The racial discrimination by white bankers drove her to study banking and financial laws. (③) She established a newspaper to promote closer communication between the charitable organization she belonged to and the public. (④) Soon after, she founded the St. Luke Penny Savings Bank, which survived the Great Depression and merged with two other banks. (⑤) Walker achieved successes with the vision to make improvements in the way of life for African Americans.

7. 9)글의 흐름으로 보아, 주어진 문장이 들어가기에 <u>가장 적절한</u> 곳은?

☑ **다음 글을 읽고 물음에 답하시오.** (29)

> An upset stomach is another common symptom of lectin overload.

Lectins are large proteins that serve as a crucial weapon that plants use to defend themselves. The lectins in most plants bind to carbohydrates as we consume the plant. (①) They also bind to sugar molecules found in the gut, in the brain, between nerve endings, in joints and in all bodily fluids. (②) According to Dr. Steven Gundry, these sticky proteins can interrupt messaging between cells and cause toxic and inflammatory reactions. (③) Brain fog is just one result of lectins interrupting communication between nerves. (④) Dr. Gundry lists a wide range of other health problems including aching joints, dementia, headaches and infertility that have been resolved in his patients once they eliminated lectins from their diets. (⑤) Dr. Paul Saladino writes that the hypothesis that lectins are involved in Parkinson's disease is also gaining support, with animal studies showing that 'lectins, once eaten, may be damaging the gut and travelling to the brain, where they appear to be toxic to dopaminergic neurons'.

8. 10)글의 흐름으로 보아, 주어진 문장이 들어가기에 가장 적절한 곳은?

☑ **다음 글을 읽고 물음에 답하시오.** (30)

> Rather, advances in technology require citizens and policy makers to consider how privacy protections should be expanded.

Technology changes how individuals and societies understand the concept of privacy. (①) The fact that someone has a new ability to access information or watch the actions of another does not justify doing so. (②) For example, when cameras first became available for commercial and private use, nations and citizens struggled over whether new laws should be enacted to protect individuals from being photographed without their permission. (③) The reconsideration of privacy brought about by this new technology re-affirmed a distinction between private and public spaces. (

④) It was determined by most cultures that people automatically gave consent to being seen - and thus recorded - once they voluntarily stepped into a public space. (⑤) Although some people might be uncomfortable with the spread of surveillance cameras, citizens in most cultures have adjusted to the fact that giving up the right not to be observed in these circumstances causes less harm to the community than failing to have surveillance.

9. 11)글의 흐름으로 보아, 주어진 문장이 들어가기에 가장 적절한 곳은?

☑ **다음 글을 읽고 물음에 답하시오.** (31)

> Yet there are methodical and simple ways to "cause a miracle" without divine revelation and inspiration.

Coincidence that is statistically impossible seems to us like an irrational event, and some define it as a miracle. But, as Montaigne has said, "the origin of a miracle is in our ignorance, at the level of our knowledge of nature, and not in nature itself". (①) Glorious miracles have been later on discovered to be obedience to the laws of nature or a technological development that was not widely known at the time. (②) As the German poet, Goethe, phrased it: "Things that are mysterious are not yet miracles". (③) The miracle assumes the intervention of a "higher power" in its occurrence that is beyond human capability to grasp. (④) Instead of checking it out, investigating and finding the source of the event, we define it as a miracle. (⑤) The miracle, then, is the excuse of those who are too lazy to think.

10. 12)글의 흐름으로 보아, 주어진 문장이 들어가기에 가장 적절한 곳은?

☑ **다음 글을 읽고 물음에 답하시오.** (31)

> Instead of checking it out, investigating and finding the source of the event, we define it as a miracle.

Coincidence that is statistically impossible seems to us like an irrational event, and some define it as a miracle. But, as Montaigne has said, "the origin of a miracle is in our ignorance, at the level of our knowledge of nature, and not in nature itself". (①) Glorious miracles have been later on discovered to be obedience to the laws of nature or a technological development that was not widely known at the time. (②) As the German poet, Goethe, phrased it: "Things that are mysterious are not yet miracles". (③) The miracle assumes the intervention of a "higher power" in its occurrence that is beyond human capability to grasp. (④) Yet there are methodical and simple ways to "cause a miracle" without divine revelation and inspiration. (⑤) The miracle, then, is the excuse of those who are too lazy to think.

11. 13)글의 흐름으로 보아, 주어진 문장이 들어가기에 <u>가장 적절한</u> 곳은?

☑ **다음 글을 읽고 물음에 답하시오.** (32)

> Instead, especially when it fits the witness's current thinking and can be used to create a story that makes sense to him or her, it may be integrated as part of the original experience.

Information encountered after an event can influence subsequent remembering. External information can easily integrate into a witness's memory, especially if the event was poorly encoded or the memory is from a distant event, in which case time and forgetting have degraded the original memory. (①) With reduced information available in memory with which to confirm the validity of post-event misinformation, it is less likely that this new information will be rejected. (②) This process can be explicit (i.e., the witness knows it is happening), but it is often unconscious. (③) That is, the witness might find himself or herself thinking about the event differently without awareness. (④) Over time, the witness may not even know the source of information that led to the (new) memory. (⑤) Sources of misinformation in forensic contexts can be encountered anywhere, from discussions with other witnesses to social media searches to multiple interviews with investigators or other legal professionals, and even in court.

12. 14)글의 흐름으로 보아, 주어진 문장이 들어가기에 <u>가장 적절한</u> 곳은?

☑ **다음 글을 읽고 물음에 답하시오.** (33)

> Or, is it because orange-colored cars are more noticeable on the road and therefore less likely to be in accidents, so they're in better condition when resold?

Correlations are powerful because the insights they offer are relatively clear. These insights are often covered up when we bring causality back into the picture. For instance, a used-car dealer supplied data to statisticians to predict which of the vehicles available for purchase at an auction were likely to have problems. A correlation analysis showed that orange-colored cars were far less likely to have defects. (①) Even as we read this, we already think about why it might be so: Are orange-colored car owners likely to be car enthusiasts and take better care of their vehicles? (②) Quickly we are caught in a web of competing causal hypotheses. (③) But our attempts to illuminate things this way only make them cloudier. (④) Correlations exist; we can show them mathematically. (⑤) We can't easily do the same for causal links. So we would do well to hold off from trying to explain the reason behind the correlations.

13. 15)글의 흐름으로 보아, 주어진 문장이 들어가기에 <u>가장 적절한</u> 곳은?

☑ **다음 글을 읽고 물음에 답하시오.** (34)

> In contrast to mice, bats can fly, which is why they can escape from danger much faster.

Most mice in the wild are eaten or die before their life span of two years is over. They die from external causes, such as disease, starvation, or predators, not due to internal causes, such as aging. (①) That is why nature has made mice to live, on average, for no longer than two years. (②) Now we have arrived at an important point: The average life span of an animal species, or the rate at which it ages, is determined by the average time that this animal species can survive in the wild. (③) That explains why a bat can live to be 30 years old. (④) Thanks to their wings, bats can also cover longer distances and are better able to find food. (⑤) Every genetic change in the past that made it possible for a bat to live longer was useful, because bats are much better able than mice to flee from danger, find food, and survive.

14. 16)글의 흐름으로 보아, 주어진 문장이 들어가기에 <u>가장 적절한</u> 곳은?

☑ **다음 글을 읽고 물음에 답하시오.** (34)

> Thanks to their wings, bats can also cover longer distances and are better able to find food.

Most mice in the wild are eaten or die before their life span of two years is over. They die from external causes, such as disease, starvation, or predators, not due to internal causes, such as aging. (①) That is why nature has made mice to live, on average, for no longer than two years. (②) Now we have arrived at an important point: The average life span of an animal species, or the rate at which it ages, is determined by the average time that this animal species can survive in the wild. (③) That explains why a bat can live to be 30 years old. (④) In contrast to mice, bats can fly, which is why they can escape from danger much faster. (⑤) Every genetic change in the past that made it possible for a bat to live longer was useful, because bats are much better able than mice to flee from danger, find food, and survive.

15. 17)글의 흐름으로 보아, 주어진 문장이 들어가기에 <u>가장 적절한</u> 곳은?

☑ **다음 글을 읽고 물음에 답하시오.** (35)

> Freud was wrong.

Moral excellence, according to Aristotle, is the result of habit and repetition, though modern science would also suggest that it may have an innate, genetic component. (①) This means that moral excellence will be broadly set early in our lives, which is why the question of how early to teach it is so important. (②) Freud suggested that we don't change our personality much after age five or thereabouts, but as in many other things, (③) Recent psychological research shows that personality traits stabilize around age thirty in both men and women and regardless of ethnicity as the human brain continues to develop, both neuroanatomically and in terms of cognitive skills, until the mid-twenties. (④) The advantage of this new understanding is that we can be a bit more optimistic than Aristotle and Freud about being able to teach moral excellence.(⑤)

16. 18)글의 흐름으로 보아, 주어진 문장이 들어가기에 <u>가장 적절한</u> 곳은?

☑ **다음 글을 읽고 물음에 답하시오.** (36)

> But we are beginning to see changes in this trend.

The size of a species is not accidental. It's a fine-tuned interaction between a species and the world it inhabits. Over large periods of time, size fluctuations have often signalled significant changes in the environment. (①) Generally speaking, over the last five hundred million years, the trend has been towards animals getting larger. (②) It's particularly notable in marine animals, whose average body size has increased 150-fold in this time. (③) Scientists have discovered that many animals are shrinking. (④) Around the world, species in every category have been found to be getting smaller, and one major cause appears to be the heat. (⑤) Animals living in the Italian Alps, for example, have seen temperatures rise by three to four degrees Celsius since the 1980s. To avoid overheating, chamois goats now spend more of their days resting rather than searching for food, and as a result, in just a few decades, the new generations of chamois are 25 percent smaller.

17. 19)글의 흐름으로 보아, 주어진 문장이 들어가기에 <u>가장 적절한</u> 곳은?

☑ **다음 글을 읽고 물음에 답하시오.** (36)

> It's particularly notable in marine animals, whose average body size has increased 150-fold in this time.

The size of a species is not accidental. It's a fine-tuned interaction between a species and the world it inhabits. Over large periods of time, size fluctuations have often signalled significant changes in the environment. (①) Generally speaking, over the last five hundred million years, the trend has been towards animals getting larger. (②) But we are beginning to see changes in this trend. (③) Scientists have discovered that many animals are shrinking. (④) Around the world, species in every category have been found to be getting smaller, and one major cause appears to be the heat. (⑤)

Animals living in the Italian Alps, for example, have seen temperatures rise by three to four degrees Celsius since the 1980s. To avoid overheating, chamois goats now spend more of their days resting rather than searching for food, and as a result, in just a few decades, the new generations of chamois are 25 percent smaller.

18. 20)글의 흐름으로 보아, 주어진 문장이 들어가기에 <u>가장 적절한</u> 곳은?

☑ **다음 글을 읽고 물음에 답하시오.** (37)

> As a result, the information is more "reuseable" than ordinary pictures, where the photographer has to decide what to focus on before she presses the shutter.

For a long time, random sampling was a good shortcut. It made analysis of large data problems possible in the pre-digital era. But much as converting a digital image or song into a smaller file results in loss of data, information is lost when sampling. (①) Having the full (or close to the full) dataset provides a lot more freedom to explore, to look at the data from different angles or to look closer at certain aspects of it. (②) A fitting example may be the light-field camera, which captures not just a single plane of light, as with conventional cameras, but rays from the entire light field, some 11 million of them. (③) The photographers can decide later which element of an image to focus on in the digital file. (④) There is no need to focus at the beginning, since collecting all the information makes it possible to do that afterwards. (⑤) Because rays from the entire light field are included, it is closer to all the data.

19. 21)글의 흐름으로 보아, 주어진 문장이 들어가기에 <u>가장 적절한</u> 곳은?

☑ **다음 글을 읽고 물음에 답하시오.** (38)

> We must reexamine this stereotype, however, as it doesn't always hold true.

Introverted leaders do have to overcome the strong cultural presumption that extroverts are more effective leaders. (①) Although the population splits into almost equal parts between introverts and extroverts, more than 96 percent of managers and executives are extroverted. (②) In a study done in 2006, 65 percent of senior corporate executives viewed introversion as a barrier to leadership. (③) Regent University found that a desire to be of service to others and to empower them to grow, which is more common among introverts than extroverts, is a key factor in becoming a leader and retaining leadership. (④) So-called servant leadership, dating back to ancient philosophical literature, adheres to the belief that a company's goals are best achieved by helping workers or customers achieve their goals. (⑤) Such leaders do not seek attention but rather want to shine a light on others' wins and achievements: servant leadership requires humility, but that humility ultimately pays off.

20. 22)글의 흐름으로 보아, 주어진 문장이 들어가기에 <u>가장 적절한</u> 곳은?

☑ **다음 글을 읽고 물음에 답하시오.** (38)

> Such leaders do not seek attention but rather want to shine a light on others' wins and achievements: servant leadership requires humility, but that humility ultimately pays off.

Introverted leaders do have to overcome the strong cultural presumption that extroverts are more effective leaders. (①) Although the population splits into almost equal parts between introverts and extroverts, more than 96 percent of managers and executives are extroverted. (②) In a study done in 2006, 65 percent of senior corporate executives viewed introversion as a barrier to leadership. (③) We must reexamine this stereotype, however, as it doesn't always hold

true. (④) Regent University found that a desire to be of service to others and to empower them to grow, which is more common among introverts than extroverts, is a key factor in becoming a leader and retaining leadership. (⑤) So-called servant leadership, dating back to ancient philosophical literature, adheres to the belief that a company's goals are best achieved by helping workers or customers achieve their goals.

21. 23)글의 흐름으로 보아, 주어진 문장이 들어가기에 <u>가장 적절한</u> 곳은?

☑ **다음 글을 읽고 물음에 답하시오.** (39)

> However, contrary to the trend of the past several decades, in many new situations that are occurring today, allowing for imprecision - for messiness - may be a positive feature, not a shortcoming.

By the nineteenth century, France had developed a system of precisely defined units of measurement to capture space, time, and more, and had begun to get other nations to adopt the same standards. (①) Just half a century later, in the 1920s, the discoveries of quantum mechanics forever destroyed the dream of comprehensive and perfect measurement. (②) And yet, outside a relatively small circle of physicists, the mindset of humankind's drive to flawlessly measure continued among engineers and scientists. (③) In the world of business it even expanded, as the precision-oriented sciences of mathematics and statistics began to influence all areas of commerce. (④) As a tradeoff for relaxing the standards of allowable errors, one can get a hold of much more data. (⑤) It isn't just that "more is better than some", but that, in fact, sometimes "more is greater than better".

22. 24)글의 흐름으로 보아, 주어진 문장이 들어가기에 <u>가장 적절한</u> 곳은?

☑ **다음 글을 읽고 물음에 답하시오.** (40)

> Similar results have been found by other researchers.

Multiple laboratory studies show that cooperative people tend to receive social advantages from others. (①) One way to demonstrate this is to give people the opportunity to act positively or negatively toward contributors. (②) For example, Pat Barclay, a professor at the University of Guelph, had participants play a cooperative game where people could contribute money toward a group fund which helped all group members, and then allowed participants to give money to other participants based on their reputations. (③) People who contributed more to the group fund were given responsibility for more money than people who contributed less. (④) People who contribute toward their groups are also chosen more often as interaction partners, preferred as leaders, rated as more desirable partners for long-term relationships, and are perceived to be trustworthy and have high social status. (⑤) Uncooperative people tend to receive verbal criticism or even more severe punishment.

23. 25)글의 흐름으로 보아, 주어진 문장이 들어가기에 <u>가장 적절한</u> 곳은?

☑ **다음 글을 읽고 물음에 답하시오.** (41,42)

> Typically, this text in a program gives background information about pieces of music being performed and perhaps biographical information about historically significant composers.

In Western society, many music performance settings make a clear distinction between performers and audience members: the performers are the "doers" and those in the audience take a decidedly passive role. The performance space itself may further reinforce the distinction with a physical separation between the stage and audience seating. Perhaps because this distinction is so common, audiences seem to greatly value opportunities to have special "access" to performers that affords understanding about performers' style of music. (①) Some performing musicians have won great approval by regularly incorporating "audience participation" into their concerts. (②) Whether by leading a sing-along activity or teaching a rhythm to be clapped at certain points, including audience members in the music making can boost the level of engagement and enjoyment for all involved. (③) Performers who are uncomfortable leading audience participation can still connect with the audience simply by giving a special glimpse of the performer perspective. (④) It is quite common in classical music to provide audiences with program notes. (⑤) What may be of more interest to audience members is background information about the very performers who are onstage, including an explanation of why they have chosen the music they are presenting. Such insight can make audience members feel closer to the musicians onstage, both metaphorically and emotionally. This connection will likely enhance the expressive and communicative experience.

24. 26)글의 흐름으로 보아, 주어진 문장이 들어가기에 <u>가장 적절한</u> 곳은?

☑ **다음 글을 읽고 물음에 답하시오.** (43,44,45)

> When Robert returned and saw the carpenter 's work, his jaw dropped.

Once upon a time, two brothers, Robert and James, who lived on neighboring farms fell into conflict. It was the first serious fight in 40 years of farming side by side. It began with a small misunderstanding and it grew into a major argument, and finally it exploded into an exchange of bitter words followed by weeks of silence. (①) One morning there was a knock on Robert's door, He opened it to find a carpenter with a toolbox. Looking at Robert, the carpenter said, "I'm looking for a few days' work. Do you have anything to repair"? (②) "I have nothing to be repaired, but I have a job for you. Look across the creek at that farm. Last week, my younger brother James took his bulldozer and put that creek in the meadow between us. (③) Well, I will do even worse. I want you to build me an 8-foot tall fence which will block him from seeing my place", said Robert. (④) The carpenter seemed to understand the situation. Robert prepared all the materials the carpenter needed. The next day, Robert left to work on another farm, so he couldn't watch the carpenter for some days. (⑤) Instead of a fence, the carpenter had built a bridge that stretched from one side of the creek to the other. His brother was walking over, waving his hand in the air. Robert laughed and said to the carpenter, "You really can fix anything". The two brothers stood awkwardly for a moment, but soon met on the bridge and shook hands. They saw the carpenter leaving with his toolbox. "No, wait! Stay a few more days". Robert told him. "Thank you for your invitation. But I need to go build more bridges. Don't forget. The fence leads to isolation and the bridge to openness", said carpenter. The two brothers nodded at the carpenter's words.

25. 27)글의 흐름으로 보아, 주어진 문장이 들어가기에 가장 적절한 곳은?

1. 28) 18.

To whom it may concern, I am writing to inform you of an ongoing noise issue that I am experiencing.

(A) Could you restrict the time the basketball court is open to before 9 p.m.? I'm sure I'm not the only person in the neighborhood that is affected by this noise issue.

(B) My apartment faces the basketball courts of the community center. While I fully support the community center's services, I am constantly being disrupted by individuals playing basketball late at night. Many nights, I struggle to fall asleep because I can hear people bouncing balls and shouting on the basketball courts well after 11 p.m..

(C) I appreciate your assistance. Sincerely, Ian Baldwin

1. 29) 19.

Chaske, a Cherokee boy, was sitting on a tree stump.

(A) It was his father's voice. He has been watching me from nearby! With just the presence of his father, the boy regained stability. What panicked him awfully a moment ago vanished into thin air.

(B) As a rite of passage for youths in his tribe, Chaske had to survive one night in the forest wearing a blindfold, not knowing he was observed by his father. After the sunset, Chaske could hear all kinds of noises. The wind blew the grass and shook his stump. A sense of dread swept through his body. What if wild beasts are looking at me?

(C) I can't stand this! Just as he was about to take off the blindfold to run away, a voice came in from somewhere. "I'm here around you. Don't give up, and complete your mission."

2. 30) 20.

Agriculture includes a range of activities such as planting, harvesting, fertilizing, pest management, raising animals, and distributing food and agricultural products.

(A) As the world's population continues to grow, it is essential to find sustainable solutions to address the challenges facing agriculture and ensure the continued production of food and other agricultural products.

(B) However, agriculture faces numerous challenges such as climate change, water scarcity, soil degradation, and biodiversity loss.

(C) It is one of the oldest and most essential human activities, dating back thousands of years, and has played a critical role in the development of human civilizations, allowing people to create stable food supplies and settle in one place.

(D) Today, agriculture remains a vital industry that feeds the world's population, supports rural communities, and provides raw materials for other industries.

3. 31) 21.

> The arts and aesthetics offer emotional connection to the full range of human experience.

(A) That can also be a powerful aesthetic experience." The arts, in this way, become vehicles to contend with ideas and concepts that are difficult and uncomfortable otherwise.

(B) When Picasso painted his masterpiece Guernica in 1937, he captured the heartbreaking and cruel nature of war, and offered the world a way to consider the universal suffering caused by the Spanish Civil War. When Lorraine Hansberry wrote her play A Raisin in the Sun, she gave us a powerful story of people struggling with racism, discrimination, and the pursuit of the American dream while also offering a touching portrait of family life.

(C) "The arts can be more than just sugar on the tongue," Anjan Chatterjee, a professor at the University of Pennsylvania, says. "In art, when there's something challenging, which can also be uncomfortable, this discomfort, if we're willing to engage with it, offers the possibility of some change, some transformation.

4. 32) 22.

> Many historians have pointed to the significance of accurate time measurement to Western economic progress.

(A) The French historian Jacques Le Goff called the birth of the public mechanical clock a turning point in Western society. Until the late Middle Ages, people had sun or water clocks, which did not play any meaningful role in business activities.

(B) Interactions and transactions between consumers, retailers, and wholesalers became less irregular. Important town meetings began to follow the pace of the clock, allowing people to better plan their time and allocate resources in a more efficient manner.

(C) Market openings and activities started with the sunrise and typically ended at noon when the sun was at its peak. But when the first public mechanical clocks were introduced and spread across European cities, market times were set by the stroke of the hour.

(D) Public clocks thus greatly contributed to public life and work by providing a new concept of time that was easy for everyone to understand. This, in turn, helped facilitate trade and commerce.

5. 33) 23.

> Sylvan Goldman invented the shopping cart and introduced it in his stores in 1937.

(A) Why don't you'? That was the turning point. A few shills disguised as regular shoppers easily accomplished what logic, explanations, and advertisements failed to do. Within a few weeks shoppers readily accepted those carts.

(B) It was an excellent device that would make it easy for shoppers to buy as much as they wanted without getting tired or seekingothers' help. But Goldman discovered that in spite of his repeated advertisements and explanations, he could not persuade his shoppers to use the wheeled carts. Men were reluctant because they thought they would appear weak if they pushed such carts instead of carrying their shopping. Women wouldn't touch them because the carts reminded them of baby carriages. It was only a few elderly shoppers who used them.

(C) That made the carts even less attractive to the majority of the shoppers. Then Goldman hit upon an idea. He hired several models, men and women, of different ages and asked them to wheel the carts in the store and shop. A young woman employee standing near the entrance told the regular shoppers, 'Look, everyone is using the carts.

6. 34) 24.

> In response to human-like care robots, critics might charge that human-robot interactions create moral hazards for dementia patients.

(A) According to Alexis Elder, a professor at UMD, robots are false friends, inferior to true friendship. Reasoning along similar lines, John Sullins, a professor at Sonoma State University, holds that robots should "remain iconic or cartoonish so that they are easily distinguished as synthetic even by unsophisticated users."

(B) Other critics of robot deception argue that when care recipients are deceivedinto thinking that robots care, this crosses a line and violates human dignity.

(C) At least then no one is fooled.

(D) Even if deception is sometimes allowed when it serves worthy goals, should it be allowed for vulnerable users? Just as children on the autism spectrum with robot companions might be easily fooled into thinking of robots as friends, older adults with cognitive deficits might be.

(E) Making robots clearly fake also avoids the so-called "uncanny valley," where robots are perceived as scary because they so closely resemble us, but not quite.

7. 35) 26.

> Maggie L. Walker achieved national prominence as a businesswoman and community leader.

(A) She was among the earliest Black students to attend newly-established public schools for African Americans. After graduating, she worked as a teacher for three years at the Valley School, where she had studied.

(B) In the early 1900s, Virginia banks owned by white bankers were unwilling to do business with African American organizations or individuals. The racial discrimination by white bankers drove her to study banking and financial laws. She established a newspaper to promote closer communication between the charitable organization she belonged to and the public.

(C) Soon after, she founded the St. Luke Penny Savings Bank, which survived the Great Depression and merged with two other banks.

(D) It thrived as the oldest continually African American-operated bank until 2009. Walker achieved successes with the vision to make improvements in the way of life for African Americans.

8. 36) 29.

> Lectins are large proteins that serve as a crucial weapon that plants use to defend themselves.

(A) Brain fog is just one result of lectins interrupting communication between nerves. An upset stomach is another common symptom of lectin overload.

(B) The lectins in most plants bind to carbohydrates as we consume the plant. They also bind to sugar molecules found in the gut, in the brain, between nerve endings, in joints and in all bodily fluids. According to Dr. Steven Gundry, these sticky proteins can interrupt messaging between cells and cause toxic and inflammatory reactions.

(C) Dr. Gundry lists a wide range of other health problems including aching joints, dementia, headaches and infertility that have been resolved in his patients once they eliminated lectins from their diets. Dr. Paul Saladino writes that the hypothesis that lectins are involved in Parkinson's disease is also gaining support, with animal studies showing that 'lectins, once eaten, may be damaging the gut and travelling to the brain, where they appear to be toxic to dopaminergic neurons'.

9. 37) 30.

> Technology changes how individuals and societies understand the concept of privacy.

(A) For example, when cameras first became available for commercial and private use, nations and citizens struggled over whether new laws should be enacted to protect individuals from being photographed without their permission. The reconsideration of privacy brought about by this new technology re-affirmed a distinction between private and public spaces.

(B) The fact that someone has a new ability to access information or watch the actions of another does not justify doing so. Rather, advances in technology require citizens and policy makers to consider how privacy protections should be expanded.

(C) It was determined by most cultures that people automatically gave consent to being seen - and thus recorded - once they voluntarily stepped into a public space. Although some people might be uncomfortable with the spread of surveillance cameras, citizens in most cultures have adjusted to the fact that giving up the right not to be observed in these circumstances causes less harm to the community than failing to have surveillance.

10. 38) 31.

> Coincidence that is statistically impossible seems to us like an irrational event, and some define it as a miracle.

(A) Yet there are methodical and simple ways to "cause a miracle" without divine revelation and inspiration. Instead of checking it out, investigating and finding the source of the event, we define it as a miracle.

(B) But, as Montaigne has said, "the origin of a miracle is in our ignorance, at the level of our knowledge of nature, and not in nature itself." Glorious miracles have been later on discovered to be obedience to the laws of nature or a technological development that was not widely known at the time.

(C) The miracle, then, is the excuse of those who are too lazy to think.

(D) As the German poet, Goethe, phrased it: "Things that are mysterious are not yet miracles." The miracle assumes the intervention of a "higher power" in its occurrence that is beyond human capability to grasp.

11. 39) 32.

> Information encountered after an event can influence subsequent remembering.

(A) This process can be explicit (i.e., the witness knows it is happening), but it is often unconscious. That is, the witness might find himself or herself thinking about the event differently without awareness.

(B) External information can easily integrate into a witness's memory, especially if the event was poorly encoded or the memory is from a distant event, in which case time and forgetting have degraded the original memory. With reduced information available in memory with which to confirm the validity of post-event misinformation, it is less likely that this new information will be rejected. Instead, especially when it fits the witness's current thinking and can be used to

create a story that makes sense to him or her, it may be integrated as part of the original experience.

(C) Over time, the witness may not even know the source of information that led to the (new) memory. Sources of misinformation in forensic contexts can be encountered anywhere, from discussions with other witnesses to social media searches to multiple interviews with investigators or other legal professionals, and even in court.

12. 40) 33.

> Correlations are powerful because the insights they offer are relatively clear.

(A) These insights are often covered up when we bring causality back into the picture. For instance, a used-car dealer supplied data to statisticians to predict which of the vehicles available for purchase at an auction were likely to have problems. A correlation analysis showed that orange-colored cars were far less likely to have defects. Even as we read this, we already think about why it might be so: Are orange-colored car owners likely to be car enthusiasts and take better care of their vehicles?

(B) Correlations exist; we can show them mathematically. We can't easily do the same for causal links. So we would do well to hold off from trying to explain the reason behind the correlations.

(C) Or, is it because orange-colored cars are more noticeable on the road and therefore less likely to be in accidents, so they're in better condition when resold? Quickly we are caught in a web of competing causal hypotheses. But our attempts to illuminate things this way only make them cloudier.

13. 41) 34.

> Most mice in the wild are eaten or die before their life span of two years is over.

(A) They die from external causes, such as disease, starvation, or predators, not due to internal causes, such as aging. That is why nature has made mice to live, on average, for no longer than two years.

(B) In contrast to mice, bats can fly, which is why they can escape from danger much faster. Thanks to their wings, bats can also cover longer distances and are better able to find food.

(C) Now we have arrived at an important point: The average life span of an animal species, or the rate at which it ages, is determined by the average time that this animal species can survive in the wild. That explains why a bat can live to be 30 years old.

(D) Every genetic change in the past that made it possible for a bat to live longer was useful, because bats are much better able than mice to flee from danger, find food, and survive.

14. 42) 35.

> Moral excellence, according to Aristotle, is the result of habit and repetition, though modern science would also suggest that it may have an innate, genetic component.

(A) Recent psychological research shows that personality traits stabilize around age thirty in both men and women and regardless of ethnicity as the human brain continues to develop, both neuroanatomically and in terms of cognitive skills, until the mid-twenties.

(B) This means that moral excellence will be broadly set early in our lives, which is why the question of how early to teach it is so important. Freud suggested that we don't change our personality much after age five or thereabouts, but as in many other things, Freud was wrong.

(C) The advantage of this new understanding is that we can be a bit more optimistic than Aristotle and Freud about being able to teach moral excellence.

15. 43) 36.

> The size of a species is not accidental.

(A) To avoid overheating, chamois goats now spend more of their days resting rather than searching for food, and as a result, in just a few decades, the new generations of chamois are 25 percent smaller.

(B) Around the world, species in every category have been found to be getting smaller, and one major cause appears to be the heat. Animals living in the Italian Alps, for example, have seen temperatures rise by three to four degrees Celsius since the 1980s.

(C) But we are beginning to see changes in this trend. Scientists have discovered that many animals are shrinking.

(D) It's a fine-tuned interaction between a species and the world it inhabits. Over large periods of time, size fluctuations have often signalled significant changes in the environment.

(E) Generally speaking, over the last five hundred million years, the trend has been towards animals getting larger. It's particularly notable in marine animals, whose average body size has increased 150-fold in this time.

16. 44) 37.

> For a long time, random sampling was a good shortcut.

(A) Having the full (or close to the full) dataset provides a lot more freedom to explore, to look at the data from different angles or to look closer at certain aspects of it. A fitting example may be the light-field camera, which captures not just a single plane of light, as with conventional cameras, but rays from the entire light field, some 11 million of them.

(B) The photographers can decide later which element of an image to focus on in the digital file. There is no need to focus at the beginning, since collecting all the information makes it possible to do that afterwards.

(C) It made analysis of large data problems possible in the pre-digital era. But much as converting a digital image or song into a smaller file results in loss of data, information is lost when sampling.

(D) Because rays from the entire light field are included, it is closer to all the data. As a result, the information is more "reuseable" than ordinary pictures, where the photographer has to decide what to focus on before she presses the shutter.

17. 45) 38.

> Introverted leaders do have to overcome the strong cultural presumption that extroverts are more effective leaders.

(A) We must reexamine this stereotype, however, as it doesn't always hold true.

(B) Regent University found that a desire to be of service to others and to empower them to grow, which is more common among introverts than extroverts, is a key factor in becoming a leader and retaining leadership.

(C) Although the population splits into almost equal parts between introverts and extroverts, more than 96 percent of managers and executives are extroverted. In a study done in 2006, 65 percent of senior corporate executives viewed introversion as a barrier to leadership.

(D) So-called servant leadership, dating back to ancient philosophical literature, adheres to the belief that a company's goals are best achieved by helping workers or customers achieve their goals.

(E) Such leaders do not seek attention but rather want to shine a light on others' wins and achievements: servant leadership requires humility, but that humility ultimately pays off.

18. 46) 39.

> By the nineteenth century, France had developed a system of precisely defined units of measurement to capture space, time, and more, and had begun to get other nations to adopt the same standards.

(A) In the world of business it even expanded, as the precision-oriented sciences of mathematics and statistics began to influence all areas of commerce. However, contrary to the trend of the past several decades, in many new situations that are occurring today, allowing for imprecision - for messiness - may be a positive feature, not a shortcoming.

(B) As a tradeoff for relaxing the standards of allowable errors, one can get a hold of much more data. It isn't just that "more is better than some," but that, in fact, sometimes "more is greater than better."

(C) Just half a century later, in the 1920s, the discoveries of quantum mechanics forever destroyed the dream of comprehensive and perfect measurement. And yet, outside a relatively small circle of physicists, the mindset of humankind's drive to flawlessly measure continued among engineers and scientists.

19. 47) 40.

> Multiple laboratory studies show that cooperative people tend to receive social advantages from others.

(A) People who contributed more to the group fund were given responsibility for more money than people who contributed less. Similar results have been found by other researchers.

(B) People who contribute toward their groups are also chosen more often as interaction partners, preferred as leaders, rated as more desirable partners for long-term relationships, and are perceived to be trustworthy and have high social status. Uncooperative people tend to receive verbal criticism or even more severe punishment.

(C) One way to demonstrate this is to give people the opportunity to act positively or negatively toward contributors. For example, Pat Barclay, a professor at the University of Guelph, had participants play a cooperative game where people could contribute money toward a group fund which helped all group members, and then allowed participants to give money to other participants based on their reputations.

20. 48) 41-42.

In Western society, many music performance settings make a clear distinction between performers and audience members: the performers are the "doers" and those in the audience take a decidedly passive role.

(A) Such insight can make audience members feel closer to the musicians onstage, both metaphorically and emotionally. This connection will likely enhance the expressive and communicative experience.

(B) Performers who are uncomfortable leading audience participation can still connect with the audience simply by giving a special glimpse of the performer perspective. It is quite common in classical music to provide audiences with program notes.

(C) Typically, this text in a program gives background information about pieces of music being performed and perhaps biographical information about historically significant composers. What may be of more interest to audience members is background information about the very performers who are onstage, including an explanation of why they have chosen the music they are presenting.

(D) The performance space itself may further reinforce the distinction with a physical separation between the stage and audience seating. Perhaps because this distinction is so common, audiences seem to greatly value opportunities to have special "access" to performers that affords understanding about performers' style of music.

(E) Some performing musicians have won great approval by regularly incorporating "audience participation" into their concerts. Whether by leading a sing-along activity or teaching a rhythm to be clapped at certain points, including audience members in the music making can boost the level of engagement and enjoyment for all involved.

21. 49) 43-45.

Once upon a time, two brothers, Robert and James, who lived on neighboring farms fell into conflict.

(A) Last week, my younger brother James took his bulldozer and put that creek in the meadow between us. Well, I will do even worse. I want you to build me an 8-foot tall fence which will block him from seeing my place," said Robert. The carpenter seemed to understand the situation. Robert prepared all the materials the carpenter needed. The next day, Robert left to work on another farm, so he couldn't watch the carpenter for some days. When Robert returned and saw the carpenter 's work, his jaw dropped.

(B) Robert told him. "Thank you for your invitation. But I need to go build more bridges. Don't forget. The fence leads to isolation and the bridge to openness," said carpenter. The two brothers nodded at the carpenter's words.

(C) It was the first serious fight in 40 years of farming side by side. It began with a small misunderstanding and it grew into a major argument, and finally it exploded into an exchange of bitter words followed by weeks of silence. One morning there was a knock on Robert's door, He opened it to find a carpenter with a toolbox. Looking at Robert, the carpenter said, "I'm looking for a few days' work. Do you have anything to repair?" "I have nothing to be repaired, but I have a job for you. Look across the creek at that farm.

(D) Instead of a fence, the carpenter had built a bridge that stretched from one side of the creek to the other. His brother was walking over, waving his hand in the air. Robert laughed and said to the carpenter, "You really can fix anything." The two brothers stood awkwardly for a moment, but soon met on the bridge and shook hands. They saw the carpenter leaving with his toolbox. "No, wait! Stay a few more days."

1. 1)밑줄 친 부분 중, 어법, 혹은 문맥상 어색한 곳을 고르시오. 18

To whom it may concern, I am writing to inform you ① **of** an ongoing noise issue that I am experiencing. My apartment faces the basketball courts of the community center. While I fully support the community center's services, I am constantly ② **being disrupted** by individuals playing basketball late at night. Many nights, I struggle to fall ③ **sleepy** because I can hear people bouncing balls and shouting on the basketball courts well after 11 p.m.. Could you ④ **restrict** the time the basketball court is open to before 9 p.m.? I'm sure I'm not the only person in the neighborhood that is affected by this noise issue. I appreciate your ⑤ **assistance**.

2. 2)밑줄 친 부분 중, 어법, 혹은 문맥상 어색한 곳을 고르시오. 19

Chaske, a Cherokee boy, was ① **seating** on a tree stump. As a rite of passage for youths in his tribe, Chaske had to survive one night in the forest wearing a blindfold, not knowing he was observed by his father. After the sunset, Chaske could hear all kinds of noises. The wind blew the grass and shook his stump. A sense of dread swept through his body. What if wild beasts are looking ② **at** me? I can't ③ **stand** this! Just as he was about to ④ **take** off the blindfold to run away, a voice came in from somewhere. "I'm here around you. Don't give up, and complete your mission". It was his father's voice. He has been watching me from nearby! With just the presence of his father, the boy regained stability. What panicked him awfully a moment ago ⑤ **vanished** into thin air.

3. 3)밑줄 친 부분 중, 어법, 혹은 문맥상 어색한 곳을 고르시오. 20

Agriculture includes a range of activities such as planting, harvesting, fertilizing, ① **pest** management, raising animals, and distributing food and agricultural products. It is one of the oldest and most essential human activities, dating back thousands of years, and has played a critical role in the development of human civilizations, allowing people ② **to create** stable food supplies and settle in one place. Today, agriculture remains a vital industry that ③ **feeds** the world's population, supports rural communities, and provides raw materials for other industries. However, agriculture faces numerous challenges such as climate change, water scarcity, soil ④ **gradationg**, and biodiversity loss. As the world's population continues to grow, it is essential to find ⑤ **sustainable** solutions to address the challenges facing agriculture and ensure the continued production of food and other agricultural products.

4. 4)밑줄 친 부분 중, 어법, 혹은 문맥상 어색한 곳을 고르시오. 21

The arts and aesthetics offer emotional connection to the full range of human experience. "The arts can be more than just sugar on the tongue", Anjan Chatterjee, a professor at the University of Pennsylvania, says. "In art, when there's something ① **challenged**, ② **which** can also be uncomfortable, this discomfort, if we're willing to engage with it, offers the possibility of some change, some transformation. That can also be a powerful aesthetic experience". The arts, in this way, become vehicles to contend with ideas and concepts that are difficult and uncomfortable otherwise. When Picasso painted his masterpiece Guernica in 1937, he captured the heartbreaking and cruel nature of war, and ③ **offered** the world a way to consider the universal suffering caused by the Spanish Civil War. When Lorraine Hansberry wrote her play A Raisin in the Sun, she gave us a powerful story of people struggling with racism, discrimination, and the pursuit of the American dream ④ **while** also offering a ⑤ **touching** portrait of family life.

5. 5)밑줄 친 부분 중, 어법, 혹은 문맥상 어색한 곳을 고르시오. 22

Many historians have pointed to the significance of ① **accurate** time measurement to Western economic progress. The French historian Jacques Le Goff called the birth of the public mechanical clock a turning point in Western society. Until the late Middle Ages, people had sun or water clocks, which did not play any meaningful role in business activities. Market openings and activities started with the sunrise and typically ended at noon when the sun was at ② **its** peak. But when the first public mechanical clocks were introduced and spread across European cities, market times ③ **were set** by the stroke of the hour. Public clocks thus greatly ④ **were contributed** to public life and work by providing a new concept of time that was easy for everyone to understand. This, in turn, helped facilitate trade and commerce. Interactions and transactions between consumers, retailers, and wholesalers became less ⑤ **irregular**. Important town meetings began to follow the pace of the clock, allowing people to better plan their time and allocate resources in a more efficient manner.

6. 6)밑줄 친 부분 중, 어법, 혹은 문맥상 어색한 곳을 고르시오. 23

Sylvan Goldman invented the shopping cart and introduced it in his stores in 1937. It was an excellent ① **device** that would make it easy for shoppers to buy as much as they wanted without getting tired or seekingothers' help. But Goldman discovered that ② **in spite of** his repeated advertisements and explanations, he could not persuade his shoppers to use the wheeled carts. Men were reluctant because they thought they would appear weak if they pushed such carts instead of carrying their shopping. Women wouldn't touch ③ **it** because the carts reminded them ④ **of** baby carriages. It was only a few elderly shoppers who used them. That made the carts even ⑤ **less** attractive to the majority of the shoppers. Then Goldman hit upon an idea. He hired several models, men and women, of different ages and

asked them to wheel the carts in the store and shop. A young woman employee standing near the entrance told the regular shoppers, 'Look, everyone is using the carts. Why don't you'? That was the turning point. A few shills disguised as regular shoppers easily accomplished what logic, explanations, and advertisements failed to do. Within a few weeks shoppers readily accepted those carts.

7. 7)밑줄 친 부분 중, 어법, 혹은 문맥상 어색한 곳을 고르시오. 24

In response to human-like care robots, critics might charge ① **that** human-robot interactions create moral hazards for dementia patients. Even if deception is sometimes ② **allowed** when it serves worthy goals, should it be allowed for vulnerable users? Just as children on the autism spectrum with robot companions might be easily fooled into thinking of robots as friends, older adults with cognitive deficits might be. According to Alexis Elder, a professor at UMD, robots are false friends, inferior to true friendship. Reasoning along similar lines, John Sullins, a professor at Sonoma State University, holds that robots should "③ **remain** iconic or cartoonish so that they are easily distinguished as synthetic even by unsophisticated users". At least then no one is fooled. Making robots clearly fake also avoids the so-called "uncanny valley", where robots are perceived as scary because they so closely ④ **resemble** us, but not quite. Other critics of robot ⑤ **depiction** argue that when care recipients are deceived into thinking that robots care, this crosses a line and violates human dignity.

8. 8)밑줄 친 부분 중, 어법, 혹은 문맥상 어색한 곳을 고르시오. 26

Maggie L. Walker achieved national prominence as a businesswoman and community leader. She was among the earliest Black students to ① **attend** newly-established public schools for African Americans. After ② **graduating**, she worked as a teacher for three years at the Valley School, where she had studied. In the early 1900s, Virginia banks owned by white bankers were ③ **willing** to do business with African American organizations or individuals. The racial discrimination by white bankers drove her to study banking and financial laws. She established a newspaper to promote closer communication between the charitable organization she belonged to and the public. Soon after, she ④ **founded** the St. Luke Penny Savings Bank, which ⑤ **survived** the Great Depression and merged with two other banks. It thrived as the oldest continually African American-operated bank until 2009. Walker achieved successes with the vision to make improvements in the way of life for African Americans.

9. 9)밑줄 친 부분 중, 어법, 혹은 문맥상 어색한 곳을 고르시오. 29

Lectins are large proteins that serve as a crucial weapon that plants use to defend ① **themselves**. The lectins in most plants bind to carbohydrates as we consume the plant. They also bind to sugar molecules ② **found** in the gut, in the brain, between nerve endings, in joints and in all bodily fluids. According to Dr. Steven Gundry, these sticky proteins can interrupt messaging between cells and cause toxic and inflammatory reactions. Brain fog is just one result of lectins ③ **interrupt** communication between nerves. An upset stomach is another common symptom of lectin overload. Dr. Gundry lists a wide range of other health problems including aching joints, dementia, headaches and ④ **infertility** that have ⑤ **been resolved** in his patients once they eliminated lectins from their diets. Dr. Paul Saladino writes that the hypothesis that lectins are involved in Parkinson's disease is also gaining support, with animal studies showing that 'lectins, once eaten, may be damaging the gut and travelling to the brain, where they appear to be toxic to dopaminergic neurons'.

10. 10)밑줄 친 부분 중, 어법, 혹은 문맥상 어색한 곳을 고르시오. 30

Technology changes ① **how** individuals and societies understand the ② **concept** of privacy. The fact that someone has a new ability to access information or watch the actions of another does not justify doing so. Rather, advances in technology require citizens and policy makers to consider ③ **what** privacy protections should be expanded. For example, when cameras first became available for commercial and private use, nations and citizens struggled over whether new laws should be enacted to protect individuals from ④ **being photographed** without their permission. The reconsideration of privacy brought about by this new technology re-affirmed a distinction between private and public spaces. It was determined by most cultures that people automatically gave consent to being seen - and thus recorded -once they ⑤ **voluntarily** stepped into a public space. Although some people might be uncomfortable with the spread of surveillance cameras, citizens in most cultures have adjusted to the fact that giving up the right not to be observed in these circumstances causes less harm to the community than failing to have surveillance.

11. 11)밑줄 친 부분 중, 어법, 혹은 문맥상 어색한 곳을 고르시오. 31

Coincidence that is statistically impossible seems to us like an irrational event, and some define ① **it** as a miracle. But, as Montaigne has said, "the origin of a miracle is in our ignorance, at the level of our knowledge of nature, and not in nature itself". Glorious miracles have been later on ② **discovering** to be obedience to the laws of nature or a technological development that was not widely known at the time. As the German poet, Goethe, phrased it: "Things that are mysterious are ③ **not yet** miracles". The miracle assumes the intervention of a "higher power" in its occurrence that is ④ **beyond** human capability to grasp. Yet there are methodical and simple ways to "cause a miracle" without divine ⑤ **revelation** and inspiration. Instead of checking it out, investigating and finding the source of the event, we define it as a miracle. The miracle, then, is the excuse of those who are too lazy to think.

12. ¹²⁾**밑줄 친 부분 중, 어법, 혹은 문맥상 어색한 곳을 고르시오.** ³²

Information ① **encountered** after an event can influence subsequent remembering. External information can easily integrate into a witness's memory, especially if the event was poorly encoded or the memory is from a distant event, in ② **which** case time and forgetting have ③ **been degraded** the original memory. With reduced information available in memory with ④ **which** to confirm the validity of post-event misinformation, it is less likely that this new information will be rejected. Instead, especially when it fits the witness's current thinking and can be used to create a story that makes sense to him or her, it may be integrated as part of the original experience. This process can be explicit (i.e., the witness knows it is happening), but it is often ⑤ **unconscious**. That is, the witness might find himself or herself thinking about the event differently without awareness. Over time, the witness may not even know the source of information that led to the (new) memory. Sources of misinformation in forensic contexts can be encountered anywhere, from discussions with other witnesses to social media searches to multiple interviews with investigators or other legal professionals, and even in court.

13. ¹³⁾**밑줄 친 부분 중, 어법, 혹은 문맥상 어색한 곳을 고르시오.** ³³

Correlations are powerful because the insights they offer ① **are** relatively clear. These insights are often covered up when we bring ② **causality** back into the picture. For instance, a used-car dealer supplied data to statisticians to predict ③ **what** of the vehicles available for purchase at an auction were likely to have problems. A correlation analysis showed that orange-colored cars were far less likely to have defects. Even as we read this, we already think about why it might ④ **be** so: Are orange-colored car owners likely to be car enthusiasts and take better care of their vehicles? Or, is it because orange-colored cars are more noticeable on the road and therefore less likely to be in accidents, so they're in better condition when

⑤ **resold**? Quickly we are caught in a web of competing causal hypotheses. But our attempts to illuminate things this way only make them cloudier. Correlations exist; we can show them mathematically. We can't easily do the same for causal links. So we would do well to hold off from trying to explain the reason behind the correlations.

14. ¹⁴⁾**밑줄 친 부분 중, 어법, 혹은 문맥상 어색한 곳을 고르시오.** ³⁴

Most mice in the wild ① **are** eaten or die before their life span of two years is over. They die from external causes, such as disease, starvation, or predators, not due to internal causes, such as aging. That is ② **why** nature has made mice to live, on average, for no longer than two years. Now we have ③ **arrived** at an important point: The average life span of an animal species, or the rate at ④ **what** it ages, is determined by the average time that this animal species can survive in the wild. That ⑤ **explains** why a bat can live to be 30 years old. In contrast to mice, bats can fly, which is why they can escape from danger much faster. Thanks to their wings, bats can also cover longer distances and are better able to find food. Every genetic change in the past that made it possible for a bat to live longer was useful, because bats are much better able than mice to flee from danger, find food, and survive.

15. 15)밑줄 친 부분 중, <u>어법, 혹은 문맥상 어색한 곳</u>을 고르시오. 35

Moral excellence, according to Aristotle, is the result of habit and repetition, ① **though** modern science would also suggest that it may have an innate, genetic component. This means that moral excellence will be broadly set early in our lives, which is ② **why** the question of how early to teach it is so important. Freud suggested that we don't change our personality much after age five or thereabouts, but as in many other things, Freud was wrong. Recent psychological research shows that personality traits ③ **stabilize** around age thirty in both men and women and regardless of ethnicity as the human brain continues to develop, both neuroanatomically and in terms of cognitive skills, ④ **until** the mid-twenties. The advantage of this new understanding is that we can be a bit more ⑤ **pessimistic** than Aristotle and Freud about being able to teach moral excellence.

16. 16)밑줄 친 부분 중, <u>어법, 혹은 문맥상 어색한 곳</u>을 고르시오. 36

The size of a species is ① **not accidental**. It's a fine-tuned interaction between a species and the world it ② **inhabits**. Over large periods of time, size fluctuations have often signalled significant changes in the environment. Generally speaking, over the last five hundred million years, the trend has been towards animals getting larger. It's particularly notable in marine animals, ③ **whose** average body size has increased 150-fold in this time. But we are beginning to see changes in this trend. Scientists have ④ **been discovered** that many animals are shrinking. Around the world, species in every category have been found to be getting smaller, and one major cause appears to be the heat. Animals living in the Italian Alps, for example, have seen temperatures rise by three to four degrees Celsius since the 1980s. To avoid overheating, chamois goats now spend more of their days ⑤ **resting** rather than searching for food, and as a result, in just a few decades, the new generations of chamois are 25 percent smaller.

17. 17)밑줄 친 부분 중, <u>어법, 혹은 문맥상 어색한 곳</u>을 고르시오. 37

For a long time, random sampling was a good shortcut. It made analysis of large data problems ① **possibly** in the pre-digital era. But much as converting a digital image or song into a smaller file results in loss of data, information is lost when sampling. Having the full (or close to the full) dataset provides a lot more freedom to explore, to look ② **at** the data from different angles or to look closer at certain aspects of it. A fitting example may be the light-field camera, ③ **which** captures not just a single plane of light, as with conventional cameras, but rays from the entire light field, some 11 million of them. The photographers can decide later which element of an image to focus on in the digital file. There is no need to focus at the beginning, since collecting all the information makes ④ **it** possible to do that afterwards. Because rays from the entire light field ⑤ **are** included, it is closer to all the data. As a result, the information is more "reuseable" than ordinary pictures, where the photographer has to decide what to focus on before she presses the shutter.

18. 18)밑줄 친 부분 중, <u>어법, 혹은 문맥상 어색한 곳</u>을 고르시오. 38

Introverted leaders do have to overcome the strong cultural presumption that extroverts are more effective leaders. Although the population splits into almost equal parts between introverts and extroverts, more than 96 percent of managers and executives are extroverted. In a study done in 2006, 65 percent of senior ① **corporate** executives viewed introversion as a barrier to leadership. We must reexamine this stereotype, however, as it doesn't always hold true. Regent University found that a desire to be of service to others and to empower ② **it** to grow, which is more common among introverts than extroverts, ③ **is** a key factor in becoming a leader and ④ **retaining** leadership. So-called servant leadership, ⑤ **dating** back to ancient philosophical literature, adheres to the belief that a company's goals are best achieved by helping workers or customers achieve their goals. Such leaders do not seek attention but rather want to shine a light on others' wins and achievements: servant leadership requires humility, but that humility ultimately pays off.

19. 19)밑줄 친 부분 중, 어법, 혹은 문맥상 어색한 곳을 고르시오. 39

By the nineteenth century, France had developed a system of precisely defined units of measurement to capture space, time, and more, and had begun to get other nations to ① **adopt** the same standards. Just half a century later, in the 1920s, the discoveries of quantum mechanics forever destroyed the dream of ② **comprehensive** and perfect measurement. And yet, outside a relatively small circle of physicists, the mindset of humankind's drive to ③ **flawlessly** measure continued among engineers and scientists. In the world of business it even expanded, as the precision-oriented sciences of mathematics and statistics began to influence all areas of commerce. However, contrary to the trend of the past several decades, in many new situations that are ④ **occurred** today, allowing for imprecision - for messiness -may be a positive feature, not a shortcoming. As a tradeoff for relaxing the standards of allowable errors, one can get a hold of ⑤ **much** more data. It isn't just that "more is better than some", but that, in fact, sometimes "more is greater than better".

20. 20)밑줄 친 부분 중, 어법, 혹은 문맥상 어색한 곳을 고르시오. 40

Multiple laboratory studies show that cooperative people tend to ① **conceive** social advantages from others. One way to demonstrate this is to give people the opportunity to act positively or negatively toward contributors. For example, Pat Barclay, a professor at the University of Guelph, had participants ② **play** a cooperative game where people could contribute money toward a group fund which helped all group members, and then allowed participants to give money to other participants based on their reputations. People who contributed more to the group fund ③ **were given** responsibility for more money than people who contributed less. Similar results have been found by other researchers. People who contribute toward their groups are also chosen more often as interaction partners, ④ **preferred** as leaders, rated as more desirable partners for long-term relationships, and are perceived to be trustworthy and have high social status. Uncooperative people tend to receive ⑤ **verbal** criticism or even more severe punishment.

21. 21)밑줄 친 부분 중, 어법, 혹은 문맥상 어색한 곳을 고르시오. 41-42

In Western society, many music performance settings make a clear distinction between performers and audience members: the performers are the "doers" and those in the audience take a decidedly passive role. The performance space itself may further reinforce the distinction with a physical separation between the stage and audience seating. Perhaps because this distinction is so ① **common**, audiences seem to greatly value opportunities to have special "② **access**" to performers that affords understanding about performers' style of music. Some performing musicians have won great approval by regularly incorporating "audience participation" into their concerts. ③ **Whether** by leading a sing-along activity or teaching a rhythm to be clapped at certain points, including audience members in the music making canboost the level of engagement and enjoyment for all involved. Performers who are uncomfortable ④ **led** audience participation can still connect with the audience simply by giving a special glimpse of the performer perspective. It is quite common in classical music to provide audiences with program notes. Typically, this text in a program gives background information about pieces of music being performed and perhaps biographical information about historically significant composers. What may be of more interest to audience members ⑤ **is** background information about the very performers who are onstage, including an explanation of why they have chosen the music they are presenting. Such insight can makeaudience members feel closer to the musicians onstage, both metaphorically and emotionally. This connection will likely enhance the expressive and communicative experience.

22. 22)밑줄 친 부분 중, <u>어법, 혹은 문맥상 어색한 곳을</u> 고르시오. ⁴³⁻⁴⁵

Once upon a time, two brothers, Robert and James, who lived on neighboring farms fell into conflict. It was the first serious fight in 40 years of farming side by side. It began with a small misunderstanding and it grew into a major argument, and finally it ① **exploded** into an exchange of bitter words followed by weeks of silence. One morning there was a knock on Robert's door, He opened it to find a carpenter with a toolbox. Looking at Robert, the carpenter said, "I'm looking for a few days' work. Do you have anything to repair"? "I have nothing to be repaired, but I have a job for you. ② **Look** across the creek at that farm. Last week, my younger brother James took his bulldozer and put that creek in the meadow between us. Well, I will do even ③ **worse**. I want you to build me an 8-foot tall fence which will block him from seeing my place", said Robert. The carpenter seemed to understand the situation. Robert prepared all the materials the carpenter needed. The next day, Robert left to work on another farm, so he couldn't watch the carpenter for some days. When Robert returned and saw the carpenter 's work, his jaw dropped. Instead of a fence, the carpenter had built a bridge that stretched from one side of the creek to the other. His brother was walking over, ④ **waving** his hand in the air. Robert laughed and said to the carpenter, "You really can fix anything". The two brothers stood awkwardly for a moment, but soon met on the bridge and shook hands. They saw the carpenter ⑤ **to leave** with his toolbox. "No, wait! Stay a few more days". Robert told him. "Thank you for your invitation. But I need to go build more bridges. Don't forget. The fence leads to isolation and the bridge to openness", said carpenter. The two brothers nodded at the carpenter's words.

2023 고2 11월 모의고사

❶ voca ❷ text ❸ [/] ❹ ____ ❺ quiz 1 ❻ quiz 2 ❼ quiz 3 ❽ quiz 4 ❾ quiz 5

1. 1)글의 밑줄 친 부분 중 어법, 혹은 문맥상 어휘의 쓰임이 어색한 것을 모두 고르시오. 18

To whom it may concern, I am writing to inform you of an ongoing noise issue that I am experiencing. My apartment faces the basketball courts of the community center. ① **During** I fully support the community center's services, I am constantly ② **disrupting** by individuals playing basketball late at night. Many nights, I struggle to fall ③ **sleepy** because I can hear people bouncing balls and shouting on the basketball courts well after 11 p.m.. Could you ④ **district** the time the basketball court is open to before 9 p.m.? I'm sure I'm not the only person in the neighborhood that is affected by this noise issue. I appreciate your ⑤ **insistence**.

2. 2)글의 밑줄 친 부분 중 어법, 혹은 문맥상 어휘의 쓰임이 어색한 것을 모두 고르시오. 19

Chaske, a Cherokee boy, was ① **sitting** on a tree stump. As a rite of passage for youths in his tribe, Chaske had to survive one night in the forest wearing a blindfold, not knowing he was observed by his father. After the sunset, Chaske could hear all kinds of noises. The wind blew the grass and shook his stump. A sense of dread swept through his body. What if wild beasts are looking ② **at** me? I can't ③ **stand** this! Just as he was about to take off the blindfold to run away, a voice came in from somewhere. "I'm here around you. Don't give up, and complete your mission". It was his father's voice. He has been watching me from nearby! With just the presence of his father, the boy regained stability. What panicked him ④ **awfully** a moment ago ⑤ **banished** into thin air.

3. 3)글의 밑줄 친 부분 중 어법, 혹은 문맥상 어휘의 쓰임이 어색한 것을 모두 고르시오. 20

Agriculture includes a range of activities such as planting, harvesting, fertilizing, pest management, ① **raising** animals, and distributing food and agricultural products. It is one of the oldest and most essential human activities, dating back thousands of years, and has played a critical role in the development of human civilizations, allowing people to create stable food supplies and settle in one place. Today, agriculture remains a vital industry that ② **feeds on** the world's population, supports rural communities, and provides raw materials for other industries. However, agriculture faces numerous challenges such as climate change, water scarcity, soil ③ **gradationg**, and biodiversity loss. As the world's population continues to grow, it is essential to find ④ **sustainable** solutions to address the challenges facing agriculture and ⑤ **ensuring** the continued production of food and other agricultural products.

4. 4)글의 밑줄 친 부분 중 어법, 혹은 문맥상 어휘의 쓰임이 어색한 것을 모두 고르시오. 21

The arts and aesthetics offer emotional connection to the full range of human experience. "The arts can be more than just sugar on the tongue", Anjan Chatterjee, a professor at the University of Pennsylvania, says. "In art, when there's something ① **challenging**, which can also be uncomfortable, this discomfort, if we're willing to engage with it, offers the possibility of some change, some transformation. That can also be a powerful aesthetic experience". The arts, in this way, become vehicles to ② **condemn** with ideas and concepts that are difficult and uncomfortable otherwise. When Picasso painted his masterpiece Guernica in 1937, he captured the heartbreaking and cruel nature of war, and ③ **offering** the world a way to consider the universal suffering caused by the Spanish Civil War. When Lorraine Hansberry wrote her play A Raisin in the Sun, she gave us a powerful story of people struggling with racism, discrimination, and the pursuit of the American dream ④ **during** also offering a ⑤ **touched** portrait of family life.

5. 5)글의 밑줄 친 부분 중 **어법, 혹은 문맥상 어휘의 쓰임이 어색한 것을 모두 고르시오.** 22

Many historians have pointed to the significance of ① **acute** time measurement to Western economic progress. The French historian Jacques Le Goff called the birth of the public mechanical clock a turning point in Western society. Until the late Middle Ages, people had sun or water clocks, ② **that** did not play any meaningful role in business activities. Market openings and activities started with the sunrise and typically ended at noon when the sun was at its peak. But when the first public mechanical clocks were introduced and spread across European cities, market times ③ **set** by the stroke of the hour. Public clocks thus greatly contributed to public life and work by providing a new concept of time that was easy for everyone to understand. This, in turn, helped ④ **facilitating** trade and commerce. Interactions and transactions between consumers, retailers, and wholesalers became less ⑤ **regular**. Important town meetings began to follow the pace of the clock, allowing people to better plan their time and allocate resources in a more efficient manner.

6. 6)글의 밑줄 친 부분 중 **어법, 혹은 문맥상 어휘의 쓰임이 어색한 것을 모두 고르시오.** 23

Sylvan Goldman invented the shopping cart and introduced it in his stores in 1937. It was an excellent device that would make it easy for shoppers to buy as ① **many** as they wanted without getting tired or seekingothers' help. But Goldman discovered that in spite of his repeated advertisements and explanations, he could not persuade his shoppers to use the wheeled carts. Men were reluctant because they thought they would appear weak if they pushed such carts instead of carrying their shopping. Women wouldn't touch ② **them** because the carts reminded them of baby carriages. It was only a few elderly shoppers who used them. That made the carts even less attractive to the majority of the shoppers. Then Goldman hit upon an idea. He hired several

models, men and women, of different ages and asked them to wheel the carts in the store and shop. A young woman employee ③ **standing** ④ **nearly** the entrance told the regular shoppers, 'Look, everyone is using the carts. Why don't you'? That was the turning point. A few shills ⑤ **disguised** as regular shoppers easily accomplished what logic, explanations, and advertisements failed to do. Within a few weeks shoppers readily accepted those carts.

7. 7)글의 밑줄 친 부분 중 **어법, 혹은 문맥상 어휘의 쓰임이 어색한 것을 모두 고르시오.** 24

In response to human-like care robots, critics might charge that human-robot interactions create moral hazards for dementia patients. Even if ① **deception** is sometimes ② **allowed** when it serves worthy goals, should it be allowed for vulnerable users? Just as children on the autism spectrum with robot companions might be easily fooled into thinking of robots as friends, older adults with cognitive deficits might be. According to Alexis Elder, a professor at UMD, robots are false friends, ③ **inferior** to true friendship. Reasoning along similar lines, John Sullins, a professor at Sonoma State University, ④ **holds** that robots should "remain iconic or cartoonish so that they are easily distinguished as synthetic even by unsophisticated users". At least then no one is fooled. Making robots clearly fake also ⑤ **avoids** the so-called "uncanny valley", where robots are perceived as scary because they so closely resemble us, but not quite. Other critics of robot deception argue that when care recipients are deceived into thinking that robots care, this crosses a line and violates human dignity.

8. 8)글의 밑줄 친 부분 중 어법, 혹은 문맥상 어휘의 쓰임이 어색한 것을 모두 고르시오. 26

Maggie L. Walker achieved national ① **imminence** as a businesswoman and community leader. She was among the earliest Black students to attend newly-established public schools for African Americans. After ② **graduating**, she worked as a teacher for three years at the Valley School, where she had studied. In the early 1900s, Virginia banks owned by white bankers were ③ **unwilling** to do business with African American organizations or individuals. The racial discrimination by white bankers drove her to study banking and financial laws. She established a newspaper to promote closer communication between the charitable organization she belonged to and the public. Soon after, she ④ **founded** the St. Luke Penny Savings Bank, which ⑤ **survived from** the Great Depression and merged with two other banks. It thrived as the oldest continually African American-operated bank until 2009. Walker achieved successes with the vision to make improvements in the way of life for African Americans.

9. 9)글의 밑줄 친 부분 중 어법, 혹은 문맥상 어휘의 쓰임이 어색한 것을 모두 고르시오. 29

Lectins are large proteins that serve as a crucial weapon that plants use to defend themselves. The lectins in most plants bind to carbohydrates as we ① **presume** the plant. They also bind to sugar molecules ② **founded** in the gut, in the brain, between nerve endings, in joints and in all bodily fluids. According to Dr. Steven Gundry, these sticky proteins can interrupt messaging between cells and cause toxic and inflammatory reactions. Brain fog is just one result of lectins ③ **interrupting** communication between nerves. An upset stomach is another common symptom of lectin overload. Dr. Gundry lists a wide range of other health problems including aching joints, dementia, headaches and infertility that have ④ **been resolved** in his patients once they eliminated lectins from their diets. Dr. Paul Saladino writes that the hypothesis that lectins are involved in Parkinson's disease is also gaining support, with animal studies showing that 'lectins, once eaten, may be ⑤ **damaged** the gut and travelling to the brain, where they appear to be toxic to dopaminergic neurons'.

10. 10)글의 밑줄 친 부분 중 어법, 혹은 문맥상 어휘의 쓰임이 어색한 것을 모두 고르시오. 30

Technology changes ① **how** individuals and societies understand the concept of privacy. The fact that someone has a new ability to access information or watch the actions of another does not justify doing so. Rather, advances in technology require citizens and policy makers to consider ② **what** privacy protections should be expanded. For example, when cameras first became available for commercial and private use, nations and citizens struggled over ③ **that** new laws should be enacted to protect individuals from being photographed without their permission. The reconsideration of privacy brought about by this new technology re-affirmed a distinction between private and public spaces. It was determined by most cultures that people automatically gave consent to being seen - and thus recorded -once they ④ **voluntarily** stepped into a public space. Although some people might be uncomfortable with the spread of surveillance cameras, citizens in most cultures have ⑤ **been adjusted** to the fact that giving up the right not to be observed in these circumstances causes less harm to the community than failing to have surveillance.

11. 11)글의 밑줄 친 부분 중 어법, 혹은 문맥상 어휘의 쓰임이 어색한 것을 모두 고르시오. 31

Coincidence that is statistically impossible seems to us like an irrational event, and some define ① **them** as a miracle. But, as Montaigne has said, "the origin of a miracle is in our ignorance, at the level of our knowledge of nature, and not in nature itself". Glorious miracles have been later on ② **discovered** to be obedience to the laws of nature or a technological development that was not widely known at the time. As the German poet, Goethe, phrased it: "Things that are mysterious are not yet miracles". The miracle assumes the intervention of a "higher power" in its occurrence that is ③ **under** human capability to grasp. Yet there are methodical and simple ways to "cause a miracle" without divine ④ **revealing** and inspiration. Instead of checking ⑤ **it out**, investigating and finding the source of the event, we define it as a miracle. The miracle, then, is the excuse of those who are too lazy to think.

12. 12)글의 밑줄 친 부분 중 어법, 혹은 문맥상 어휘의 쓰임이 어색한 것을 모두 고르시오. 32

Information encountered after an event can influence subsequent remembering. External information can easily integrate into a witness's memory, especially if the event was poorly encoded or the memory is from a distant event, in ① **which** case time and forgetting have degraded the original memory. With reduced information available in memory with ② **which** to confirm the validity of post-event misinformation, it is ③ **more** likely that this new information will be rejected. Instead, especially when it fits the witness's current thinking and can be used to ④ **creating** a story that makes sense to him or her, it may be integrated as part of the original experience. This process can be ⑤ **explicit** (i.e., the witness knows it is happening), but it is often unconscious. That is, the witness might find himself or herself thinking about the event differently without awareness. Over time, the witness may not even know the source of information that led to the (new) memory. Sources of misinformation in forensic contexts can be encountered anywhere, from discussions with other witnesses to social media searches to multiple interviews with investigators or other legal professionals, and even in court.

13. 13)글의 밑줄 친 부분 중 어법, 혹은 문맥상 어휘의 쓰임이 어색한 것을 모두 고르시오. 33

Correlations are powerful because the insights they offer ① **is** ② **absolutely** clear. These insights are often covered up when we bring ③ **causality** back into the picture. For instance, a used-car dealer supplied data to statisticians to predict which of the vehicles available for purchase at an auction were likely to have problems. A correlation analysis showed that orange-colored cars were far less likely to have defects. Even as we read this, we already think about why it might ④ **do** so: Are orange-colored car owners likely to be car enthusiasts and take better care of their vehicles? Or, is it because orange-colored cars are more noticeable on the road and therefore less likely to be in accidents, so they're in better condition when ⑤ **resold**? Quickly we are caught in a web of competing causal hypotheses. But our attempts to illuminate things this way only make them cloudier. Correlations exist; we can show them

mathematically. We can't easily do the same for causal links. So we would do well to hold off from trying to explain the reason behind the correlations.

14. 14)글의 밑줄 친 부분 중 어법, 혹은 문맥상 어휘의 쓰임이 어색한 것을 모두 고르시오. 34

Most mice in the wild ① **is** eaten or die before their life span of two years is over. They die from external causes, such as disease, starvation, or predators, not due to internal causes, such as aging. That is why nature has made mice to live, on average, for no longer than two years. Now we have ② **arrived** at an important point: The average life span of an animal species, or the rate at ③ **what** it ages, ④ **are** determined by the average time that this animal species can survive in the wild. That explains why a bat can live to be 30 years old. In contrast to mice, bats can fly, which is why they can escape from danger much faster. Thanks to their wings, bats can also cover longer distances and are better able to find food. Every genetic change in the past that made ⑤ **them** possible for a bat to live longer was useful, because bats are much better able than mice to flee from danger, find food, and survive.

15. 15)글의 밑줄 친 부분 중 어법, 혹은 문맥상 어휘의 쓰임이 어색한 것을 모두 고르시오. 35

Moral excellence, according to Aristotle, is the result of habit and repetition, ① **despite** modern science would also suggest that it may have an innate, genetic component. This means that moral excellence will be ② **broadly** set early in our lives, which is ③ **because** the question of how early to teach it is so important. Freud suggested that we don't change our personality much after age five or thereabouts, but as in many other things, Freud was wrong. Recent psychological research shows that personality traits ④ **unstablize** around age thirty in both men and women and regardless of ethnicity as the human brain continues to develop, both neuroanatomically and in terms of cognitive skills, until the mid-twenties. The advantage of this new understanding is that we can be a bit more ⑤ **optimistic** than Aristotle and Freud about being able to teach moral excellence.

16. 16)글의 밑줄 친 부분 중 어법, 혹은 문맥상 어휘의 쓰임이 어색한 것을 모두 고르시오. 36

The size of a species is not accidental. It's a fine-tuned interaction between a species and the world it ① **inhibits**. Over large periods of time, size fluctuations have often signalled significant changes in the environment. Generally speaking, over the last five hundred million years, the trend has been towards animals getting larger. It's particularly notable in marine animals, ② **which** average body size has increased 150-fold in this time. But we are beginning to see changes in this trend. Scientists have discovered that many animals are shrinking. Around the world, species in every category have ③ **found** to be getting smaller, and one major cause ④ **is appeared** to be the heat. Animals living in the Italian Alps, for example, have seen temperatures ⑤ **raise** by three to four degrees Celsius since the 1980s. To avoid overheating, chamois goats now spend more of their days resting rather than searching for food, and as a result, in just a few decades, the new generations of chamois are 25 percent smaller.

17. 17)글의 밑줄 친 부분 중 어법, 혹은 문맥상 어휘의 쓰임이 어색한 것을 모두 고르시오. 37

For a long time, random sampling was a good shortcut. It made analysis of large data problems possible in the pre-digital era. But much as converting a digital image or song into a smaller file results in loss of data, information is lost when sampling. Having the full (or close to the full) dataset provides a lot more freedom to explore, to look ① **for** the data from different angles or to look closer at certain aspects of it. A fitting example may be the light-field camera, ② **which** captures not just a single plane of light, as with conventional cameras, but rays from the entire light field, some 11 million of them. The photographers can decide later ③ **which** element of an image to focus on in the digital file. There is no need to focus at the beginning, since collecting all the information makes ④ **this** possible to do that afterwards. Because rays from the entire light field are included, it is closer to all the data. As a result, the information is more "reuseable" than ordinary pictures, ⑤ **where** the photographer has to decide what to focus on before she presses the shutter.

18. 18)글의 밑줄 친 부분 중 어법, 혹은 문맥상 어휘의 쓰임이 어색한 것을 모두 고르시오. 38

Introverted leaders do have to overcome the strong cultural ① **consumption** that extroverts are more effective leaders. Although the population splits into almost equal parts between introverts and extroverts, more than 96 percent of managers and executives are extroverted. In a study done in 2006, 65 percent of senior ② **cooperate** executives viewed introversion as a barrier to leadership. We must reexamine this stereotype, however, as it doesn't always hold true. Regent University found that a desire to be of service to others and to empower them to grow, which is more common among introverts than extroverts, ③ **is** a key factor in becoming a leader and retaining leadership. So-called servant leadership, dating back to ancient philosophical literature, adheres to the belief that a company's goals are best achieved by helping workers or customers ④ **achieve** their goals. Such leaders do not seek attention but rather want to shine a light on others' wins and achievements: servant leadership requires ⑤ **humiliation**, but that humility ultimately pays off.

19. 19)글의 밑줄 친 부분 중 어법, 혹은 문맥상 어휘의 쓰임이 어색한 것을 모두 고르시오. 39

By the nineteenth century, France had developed a system of ① **precisely** defined units of measurement to capture space, time, and more, and had begun to get other nations to ② **adapt** the same standards. Just half a century later, in the 1920s, the discoveries of quantum mechanics forever destroyed the dream of comprehensive and perfect measurement. And yet, outside a relatively small circle of physicists, the mindset of humankind's drive to ③ **flowlessly** measure continued among engineers and scientists. In the world of business it even expanded, as the precision-oriented sciences of mathematics and statistics began to influence all areas of commerce. However, contrary to the trend of the past several decades, in many new situations that are occurring today, ④ **allow** for imprecision - for messiness -may be a positive feature, not a shortcoming. As a tradeoff for relaxing the standards of allowable errors, one can get a hold of ⑤ **many** more data. It isn't just that "more is better than some", but that, in fact, sometimes "more is greater than better".

20. ²⁰⁾글의 밑줄 친 부분 중 어법, 혹은 문맥상 어휘의 쓰임이 어색한 것을 모두 고르시오. ⁴⁰

Multiple laboratory studies show that cooperative people tend to ① **receive** social advantages from others. One way to demonstrate this is to give people the opportunity to act positively or negatively toward contributors. For example, Pat Barclay, a professor at the University of Guelph, had participants ② **play** a cooperative game where people could contribute money toward a group fund which helped all group members, and then allowed participants ③ **giving** money to other participants based on their reputations. People who contributed more to the group fund were given responsibility for more money than people who contributed ④ **more**. Similar results have been found by other researchers. People who contribute toward their groups are also chosen more often as interaction partners, ⑤ **preferred** as leaders, rated as more desirable partners for long-term relationships, and are perceived to be trustworthy and have high social status. Uncooperative people tend to receive verbal criticism or even more severe punishment.

21. ²¹⁾글의 밑줄 친 부분 중 어법, 혹은 문맥상 어휘의 쓰임이 어색한 것을 모두 고르시오. ⁴¹⁻⁴²

In Western society, many music performance settings make a clear distinction between performers and audience members: the performers are the "doers" and those in the audience take a decidedly passive role. The performance space itself may further reinforce the distinction with a physical separation between the stage and audience seating. Perhaps because this distinction is so ① **uncommon**, audiences seem to greatly value opportunities to have special "② **access**" to performers that affords understanding about performers' style of music. Some performing musicians have won great approval by regularly incorporating "audience participation" into their concerts. ③ **If** by leading a sing-along activity or teaching a rhythm to be clapped at certain points, including audience members in the music making canboost the level of engagement and enjoyment for all involved. Performers who are uncomfortable leading audience participation can still connect with the audience simply by giving a special glimpse of the performer perspective. It is quite common in classical music to provide audiences with program notes. Typically, this text in a program gives background information about pieces of music ④ **being performed** and perhaps biographical information about historically significant composers. What may be of more interest to audience members ⑤ **are** background information about the very performers who are onstage, including an explanation of why they have chosen the music they are presenting. Such insight can makeaudience members feel closer to the musicians onstage, both metaphorically and emotionally. This connection will likely enhance the expressive and communicative experience.

22. 22)글의 밑줄 친 부분 중 어법, 혹은 문맥상 어휘의 쓰임이 어색한 것을 모두 고르시오. 43-45

Once upon a time, two brothers, Robert and James, who lived on neighboring farms fell into conflict. It was the first serious fight in 40 years of farming side by side. It began with a small misunderstanding and it grew into a major argument, and finally it ① **exploded** into an exchange of bitter words ② **followed** by weeks of silence. One morning there was a knock on Robert's door, He opened it to find a carpenter with a toolbox. Looking at Robert, the carpenter said, "I'm looking for a few days' work. Do you have anything to repair"? "I have nothing to be repaired, but I have a job for you. Look across the creek at that farm. Last week, my younger brother James took his bulldozer and put that creek in the meadow between us. Well, I will do even ③ **worse**. I want you to build me an 8-foot tall fence which will block him from seeing my place", said Robert. The carpenter seemed to understand the situation. Robert prepared all the materials the carpenter needed. The next day, Robert left to work on another farm, so he couldn't watch the carpenter for some days. When Robert returned and saw the carpenter 's work, his jaw dropped. Instead of a fence, the carpenter had built a bridge that stretched from one side of the creek to the other. His brother was walking over, ④ **waved** his hand in the air. Robert laughed and said to the carpenter, "You really can fix anything". The two brothers stood awkwardly for a moment, but soon met on the bridge and shook hands. They saw the carpenter ⑤ **to leave** with his toolbox. "No, wait! Stay a few more days". Robert told him. "Thank you for your invitation. But I need to go build more bridges. Don't forget. The fence leads to isolation and the bridge to openness", said carpenter. The two brothers nodded at the carpenter's words.

2023 고2 11월 모의고사

❶ voca   ❷ text   ❸ [/]   ❹ ____   ❺ quiz 1   ❻ quiz 2   ❼ quiz 3   ❽ quiz 4   ❾ quiz 5

1. 1)밑줄 부분 중 <u>어법, 혹은 문맥상 어휘의 쓰임이 어색한 것을</u> 올바르게 고쳐 쓰시오. **(4개)** [18]

To whom it may concern, I am writing to inform you ① **that** an ongoing noise issue that I am experiencing. My apartment faces the basketball courts of the community center. ② **During** I fully support the community center's services, I am constantly ③ **being disrupted** by individuals playing basketball late at night. Many nights, I struggle to fall ④ **sleepy** because I can hear people ⑤ **to bounce** balls and shouting on the basketball courts well after 11 p.m.. Could you ⑥ **restrict** the time the basketball court is open to before 9 p.m.? I'm sure I'm not the only person in the neighborhood that is affected by this noise issue. I appreciate your ⑦ **assistance**.

기호	어색한 표현		올바른 표현
( )	________________	⇨	________________
( )	________________	⇨	________________
( )	________________	⇨	________________
( )	________________	⇨	________________

2. 2)밑줄 부분 중 <u>어법, 혹은 문맥상 어휘의 쓰임이 어색한 것을</u> 올바르게 고쳐 쓰시오. **(2개)** [19]

Chaske, a Cherokee boy, was ① **sitting** on a tree stump. As a rite of passage for youths in his tribe, Chaske had to survive one night in the forest wearing a blindfold, not knowing he ② **was observed** by his father. After the sunset, Chaske could hear all kinds of noises. The wind blew the grass and shook his stump. A sense of dread swept through his body. What if wild beasts are looking ③ **for** me? I can't ④ **stand** this! Just as he was about to ⑤ **take** off the blindfold to run away, a voice came in from somewhere. "I'm here around you. Don't give up, and complete your mission". It was his father's voice. He has been ⑥ **watching** me from nearby! With just the presence of his father, the boy regained stability. What panicked him ⑦ **awfully** a moment ago ⑧ **banished** into thin air.

기호	어색한 표현		올바른 표현
( )	________________	⇨	________________
( )	________________	⇨	________________

3. 3)밑줄 부분 중 어법, 혹은 문맥상 어휘의 쓰임이 어색한 것을 올바르게 고쳐 쓰시오. **(7개)** [20]

Agriculture includes a range of activities such as planting, harvesting, fertilizing, ① **past** management, ② **raising** animals, and ③ **contributing** food and agricultural products. It is one of the oldest and most essential human activities, ④ **dated** back thousands of years, and has played a critical role in the development of human civilizations, allowing people ⑤ **create** stable food supplies and settle in one place. Today, agriculture remains a vital industry that ⑥ **feeds** the world's population, supports rural communities, and provides raw materials for other industries. However, agriculture faces numerous challenges such as climate change, water scarcity, soil ⑦ **gradationg**, and biodiversity loss. As the world's population continues to grow, it is essential to find ⑧ **suitable** solutions to address the challenges facing agriculture and ⑨ **ensuring** the continued production of food and other agricultural products.

기호	어색한 표현		올바른 표현
(　　)	________________	⇨	________________
(　　)	________________	⇨	________________
(　　)	________________	⇨	________________
(　　)	________________	⇨	________________
(　　)	________________	⇨	________________
(　　)	________________	⇨	________________
(　　)	________________	⇨	________________

4. 4)밑줄 부분 중 어법, 혹은 문맥상 어휘의 쓰임이 어색한 것을 올바르게 고쳐 쓰시오. **(5개)** [21]

The arts and aesthetics offer emotional connection to the full range of human experience. "The arts can be more than just sugar on the tongue", Anjan Chatterjee, a professor at the University of Pennsylvania, says. "In art, when there's something ① **challenging**, ② **that** can also be uncomfortable, this discomfort, if we're willing to engage ③ **to** it, offers the possibility of some change, some transformation. That can also be a powerful aesthetic experience". The arts, in this way, become vehicles to ④ **condemn** with ideas and concepts that are difficult and uncomfortable otherwise. When Picasso painted his masterpiece Guernica in 1937, he captured the heartbreaking and cruel nature of war, and ⑤ **offered** the world a way to consider the universal suffering caused by the Spanish Civil War. When Lorraine Hansberry wrote her play A Raisin in the Sun, she gave us a powerful story of people struggling with racism, discrimination, and the pursuit of the American dream ⑥ **during** also offering a ⑦ **touched** portrait of family life.

기호	어색한 표현		올바른 표현
(　　)	________________	⇨	________________
(　　)	________________	⇨	________________
(　　)	________________	⇨	________________
(　　)	________________	⇨	________________
(　　)	________________	⇨	________________

5. 5)밑줄 부분 중 어법, 혹은 문맥상 어휘의 쓰임이 어색한 것을 올바르게 고쳐 쓰시오. (8개) [22]

Many historians have pointed to the significance of ① **acute** time measurement to Western economic progress. The French historian Jacques Le Goff called the birth of the public mechanical clock a turning point in Western society. Until the late Middle Ages, people had sun or water clocks, ② **that** did not play any meaningful role in business activities. Market openings and activities started with the sunrise and typically ended at noon when the sun was at ③ **their** peak. But when the first public mechanical clocks were introduced and spread across European cities, market times ④ **set** by the stroke of the hour. Public clocks thus greatly ⑤ **were contributed** to public life and work by providing a new concept of time that was easy for everyone to understand. This, in turn, helped ⑥ **facilitating** trade and commerce. Interactions and transactions between consumers, retailers, and wholesalers became less ⑦ **regular**. Important town meetings began to follow the pace of the clock, allowing people to better ⑧ **planning** their time and allocate resources in a more efficient manner.

기호	어색한 표현		올바른 표현
( )	__________	⇨	__________
( )	__________	⇨	__________
( )	__________	⇨	__________
( )	__________	⇨	__________
( )	__________	⇨	__________
( )	__________	⇨	__________
( )	__________	⇨	__________
( )	__________	⇨	__________

6)밑줄 부분 중 어법, 혹은 문맥상 어휘의 쓰임이 어색한 것을 올바르게 고쳐 쓰시오. (3개) [23]

Sylvan Goldman invented the shopping cart and introduced it in his stores in 1937. It was an excellent ① **device** that would make ② **this** easy for shoppers to buy as ③ **many** as they wanted without getting ④ **tired** or seekingothers' help. But Goldman discovered that ⑤ **in spite of** his repeated advertisements and explanations, he could not persuade his shoppers ⑥ **to use** the wheeled carts. Men were ⑦ **reluctant** because they thought they would ⑧ **appear** weak if they pushed such carts instead of carrying their shopping. Women wouldn't touch ⑨ **them** because the carts reminded them ⑩ **of** baby carriages. It was only a few elderly shoppers who used them. That made the carts even ⑪ **less** attractive to the majority of the shoppers. Then Goldman hit upon an idea. He hired several models, men and women, of different ages and asked them to wheel the carts in the store and shop. A young woman employee ⑫ **standing** ⑬ **near** the entrance told the regular shoppers, 'Look, everyone is using the carts. Why don't you'? That was the turning point. A few shills ⑭ **disguised** as regular shoppers easily ⑮ **accomplishing** what logic, explanations, and advertisements failed to do. Within a few weeks shoppers readily accepted those carts.

기호	어색한 표현		올바른 표현
( )	__________	⇨	__________
( )	__________	⇨	__________
( )	__________	⇨	__________

6. 7)밑줄 부분 중 어법, 혹은 문맥상 어휘의 쓰임이 어색한 것을 올바르게 고쳐 쓰시오. (3개) [24]

In response to human-like care robots, critics might charge ① **that** human-robot interactions create moral hazards for dementia patients. Even if ② **deception** is sometimes ③ **allowing** when it serves worthy goals, should it be allowed for vulnerable users? Just as children on the autism spectrum with robot companions might be easily fooled into thinking of robots as friends, older adults with cognitive ④ **deficits** might be. According to Alexis Elder, a professor at UMD, robots are false friends, ⑤ **superior** to true friendship. Reasoning along similar lines, John Sullins, a professor at Sonoma State University, ⑥ **holding** that robots should "⑦ **remain** iconic or cartoonish so that they are easily distinguished as synthetic even by unsophisticated users". At least then no one is fooled. Making robots clearly fake also ⑧ **avoids** the so-called "uncanny valley", where robots are perceived as ⑨ **scary** because they so closely ⑩ **resemble** us, but not quite. Other critics of robot ⑪ **deception** argue that when care recipients are deceived into thinking that robots care, this crosses a line and violates human dignity.

기호　　　　　　어색한 표현　　　　　　　　　　　올바른 표현

(　　) ___________________________ ⇨ ___________________________

(　　) ___________________________ ⇨ ___________________________

(　　) ___________________________ ⇨ ___________________________

7. 8)밑줄 부분 중 어법, 혹은 문맥상 어휘의 쓰임이 어색한 것을 올바르게 고쳐 쓰시오. (6개) [26]

Maggie L. Walker achieved national ① **imminence** as a businesswoman and community leader. She was among the earliest Black students to ② **attend** newly-established public schools for African Americans. After ③ **graduating**, she worked as a teacher for three years at the Valley School, where she had studied. In the early 1900s, Virginia banks owned by white bankers were ④ **willing** to do business with African American organizations or individuals. The racial ⑤ **distribution** by white bankers drove her to study banking and financial laws. She established a newspaper to promote closer communication between the charitable organization she ⑥ **was belonged** to and the public. Soon after, she ⑦ **found** the St. Luke Penny Savings Bank, which ⑧ **survived from** the Great Depression and merged with two other banks. It thrived as the oldest continually African American-operated bank until 2009. Walker achieved successes with the vision to make improvements in the way of life for African Americans.

기호　　　　　　어색한 표현　　　　　　　　　　　올바른 표현

(　　) ___________________________ ⇨ ___________________________

(　　) ___________________________ ⇨ ___________________________

(　　) ___________________________ ⇨ ___________________________

(　　) ___________________________ ⇨ ___________________________

(　　) ___________________________ ⇨ ___________________________

(　　) ___________________________ ⇨ ___________________________

8. 9)밑줄 부분 중 어법, 혹은 문맥상 어휘의 쓰임이 어색한 것을 올바르게 고쳐 쓰시오. (5개) [29]

Lectins are large proteins that serve as a crucial weapon that plants use to defend ① **themselves**. The lectins in most plants bind to carbohydrates as we ② **presume** the plant. They also bind to sugar molecules ③ **founded** in the gut, in the brain, between nerve endings, in joints and in all bodily fluids. According to Dr. Steven Gundry, these sticky proteins can interrupt messaging between cells and cause toxic and inflammatory reactions. Brain fog is just one result of lectins ④ **interrupt** communication between nerves. An upset stomach is another common symptom of lectin overload. Dr. Gundry lists a wide range of other health problems including aching joints, dementia, headaches and ⑤ **fertility** that have ⑥ **resolved** in his patients once they eliminated lectins from their diets. Dr. Paul Saladino writes that the hypothesis that lectins are involved in Parkinson's disease is also gaining support, with animal studies showing that 'lectins, once eaten, may be ⑦ **damaging** the gut and travelling to the brain, where they appear to be toxic to dopaminergic neurons'.

기호	어색한 표현		올바른 표현
( )	_____________	⇨	_____________
( )	_____________	⇨	_____________
( )	_____________	⇨	_____________
( )	_____________	⇨	_____________
( )	_____________	⇨	_____________

9. 10)밑줄 부분 중 어법, 혹은 문맥상 어휘의 쓰임이 어색한 것을 올바르게 고쳐 쓰시오. (1개) [30]

Technology changes ① **how** individuals and societies understand the ② **concept** of privacy. The fact that someone has a new ability to ③ **access** information or watch the actions of another does not justify doing so. Rather, advances in technology require citizens and policy makers to consider ④ **how** privacy protections should be expanded. For example, when cameras first became available for commercial and private use, nations and citizens struggled over ⑤ **that** new laws should be enacted to protect individuals from ⑥ **being photographed** without their permission. The reconsideration of privacy brought about by this new technology re-affirmed a distinction between private and public spaces. It was determined by most cultures that people automatically gave consent to being seen - and thus recorded -once they ⑦ **voluntarily** stepped into a public space. Although some people might be uncomfortable with the spread of surveillance cameras, citizens in most cultures have ⑧ **adjusted** to the fact that giving up the right not to be observed in these circumstances causes less harm to the community than failing to have surveillance.

기호	어색한 표현		올바른 표현
( )	_____________	⇨	_____________

10. 11)밑줄 부분 중 어법, 혹은 문맥상 어휘의 쓰임이 어색한 것을 올바르게 고쳐 쓰시오. (1개) ³¹

Coincidence that is statistically impossible seems to us like an irrational event, and some define ① **it** as a miracle. But, as Montaigne has said, "the origin of a miracle is in our ignorance, at the level of our knowledge of nature, and not in nature itself". Glorious miracles have been later on ② **discovered** to be obedience to the laws of nature or a technological development that was not widely known at the time. As the German poet, Goethe, phrased it: "Things that are mysterious are ③ **not yet** miracles". The miracle assumes the intervention of a "higher power" in its occurrence that is ④ **beyond** human capability to grasp. Yet there are methodical and simple ways to "cause a miracle" without divine ⑤ **revealing** and inspiration. Instead of checking ⑥ **it out**, investigating and finding the source of the event, we define it as a miracle. The miracle, then, is the excuse of those who are ⑦ **too** lazy to think.

기호   어색한 표현   올바른 표현

(   ) ______________________________ ⇨ ______________________________

11. 12)밑줄 부분 중 어법, 혹은 문맥상 어휘의 쓰임이 어색한 것을 올바르게 고쳐 쓰시오. (1개) ³²

Information ① **encountered** after an event can influence ② **subsequent** remembering. External information can easily integrate into a witness's memory, especially if the event was poorly encoded or the memory is from a distant event, in ③ **what** case time and forgetting have ④ **degraded** the original memory. With reduced information available in memory with ⑤ **which** to confirm the validity of post-event misinformation, it is ⑥ **less** likely that this new information will be rejected. Instead, especially when it fits the witness's current thinking and can be used to ⑦ **create** a story that makes sense to him or her, it may be integrated as part of the original experience. This process can be ⑧ **explicit** (i.e., the witness knows it is happening), but it is often ⑨ **unconscious**. That is, the witness might find himself or herself thinking about the event differently without awareness. Over time, the witness may not even know the source of information that led to the (new) memory. Sources of misinformation in forensic contexts can be encountered anywhere, from discussions with other witnesses to social media searches to multiple interviews with investigators or other legal professionals, and even in court.

기호   어색한 표현   올바른 표현

(   ) ______________________________ ⇨ ______________________________

12. 13)밑줄 부분 중 어법, 혹은 문맥상 어휘의 쓰임이 어색한 것을 올바르게 고쳐 쓰시오. (2개) 33

Correlations are powerful because the insights they offer ① **is** ② **relatively** clear. These insights are often covered up when we bring ③ **causality** back into the picture. For instance, a used-car dealer supplied data to statisticians to predict ④ **which** of the vehicles available for purchase at an auction were likely to have problems. A correlation analysis showed that orange-colored cars were far less likely to have defects. Even as we read this, we already think about why it might ⑤ **be** so: Are orange-colored car owners likely to be car enthusiasts and take better care of their vehicles? Or, is it because orange-colored cars are more noticeable on the road and therefore less likely to be in accidents, so they're in better condition when ⑥ **reselling**? Quickly we are caught in a web of competing causal hypotheses. But our attempts to illuminate things this way only ⑦ **make** them cloudier. Correlations exist; we can show them mathematically. We can't easily do the same for causal links. So we would do well to hold off from trying to ⑧ **explain** the reason behind the correlations.

기호	어색한 표현		올바른 표현
( )	___________________	⇨	___________________
( )	___________________	⇨	___________________

13. 14)밑줄 부분 중 어법, 혹은 문맥상 어휘의 쓰임이 어색한 것을 올바르게 고쳐 쓰시오. (5개) 34

Most mice in the wild ① **are** eaten or die before their life span of two years is over. They die from external causes, such as disease, starvation, or predators, not due to internal causes, such as aging. That is ② **why** nature has made mice to live, on average, for no longer than two years. Now we have ③ **arrived** at an important point: The average life span of an animal species, or the rate at ④ **what** it ages, ⑤ **are** determined by the average time that this animal species can survive in the wild. That ⑥ **expalins about** why a bat can live to be 30 years old. In contrast to mice, bats can fly, which is ⑦ **because** they can escape from danger much faster. Thanks to their wings, bats can also cover longer distances and are better able to find food. Every genetic change in the past that made ⑧ **them** possible for a bat to live longer was useful, because bats are much better able than mice to flee from danger, find food, and survive.

기호	어색한 표현		올바른 표현
( )	___________________	⇨	___________________
( )	___________________	⇨	___________________
( )	___________________	⇨	___________________
( )	___________________	⇨	___________________
( )	___________________	⇨	___________________

14. 15)밑줄 부분 중 어법, 혹은 문맥상 어휘의 쓰임이 어색한 것을 올바르게 고쳐 쓰시오. **(5개)** [35]

Moral excellence, according to Aristotle, is the result of habit and repetition, ① **though** modern science would also suggest that it may have an innate, genetic component. This means that moral excellence will be ② **specifically** set early in our lives, which is ③ **because** the question of how early to teach it is so important. Freud suggested that we don't change our personality much after age five or thereabouts, but as in many other things, Freud was wrong. Recent psychological research shows that personality traits ④ **unstablize** around age thirty in both men and women and regardless of ethnicity as the human brain continues to develop, both neuroanatomically and in terms of cognitive skills, ⑤ **by** the mid-twenties. The advantage of this new understanding is that we can be a bit more ⑥ **pessimistic** than Aristotle and Freud about being able to teach moral excellence.

기호	어색한 표현		올바른 표현
( )	__________	⇨	__________
( )	__________	⇨	__________
( )	__________	⇨	__________
( )	__________	⇨	__________
( )	__________	⇨	__________

15. 16)밑줄 부분 중 어법, 혹은 문맥상 어휘의 쓰임이 어색한 것을 올바르게 고쳐 쓰시오. **(5개)** [36]

The size of a species is ① **not accidental**. It's a fine-tuned interaction between a species and the world it ② **inhibits**. Over large periods of time, size fluctuations have often signalled significant changes in the environment. Generally speaking, over the last five hundred million years, the trend has been towards animals getting larger. It's particularly notable in marine animals, ③ **which** average body size has increased 150-fold in this time. But we are beginning to see changes in this trend. Scientists have ④ **been discovered** that many animals are shrinking. Around the world, species in every category have ⑤ **found** to be getting smaller, and one major cause ⑥ **appears** to be the heat. Animals living in the Italian Alps, for example, have seen temperatures ⑦ **rise** by three to four degrees Celsius since the 1980s. To avoid overheating, chamois goats now spend more of their days ⑧ **resting** rather than searching for food, and as a result, in just a few decades, the new generations of chamois are 25 percent ⑨ **bigger**.

기호	어색한 표현		올바른 표현
( )	__________	⇨	__________
( )	__________	⇨	__________
( )	__________	⇨	__________
( )	__________	⇨	__________
( )	__________	⇨	__________

16. 17)밑줄 부분 중 <u>어법, 혹은 문맥상 어휘의 쓰임이 어색한 것을 올바르게 고쳐 쓰시오. **(3개)** [37]

For a long time, random sampling was a good shortcut. It made analysis of large data problems ① **possibly** in the pre-digital era. But much as converting a digital image or song into a smaller file results in loss of data, information is lost when sampling. Having the full (or close to the full) dataset provides a lot more freedom to explore, to look ② **at** the data from different angles or to look closer at certain aspects of it. A fitting example may be the light-field camera, ③ **which** captures not just a single plane of light, as with conventional cameras, but rays from the entire light field, some 11 million of them. The photographers can decide later ④ **which** element of an image to focus on in the digital file. There is no need to focus at the beginning, since collecting all the information makes ⑤ **it** possible to do that afterwards. Because rays from the entire light field ⑥ **is** included, it is closer to all the data. As a result, the information is more "reuseable" than ordinary pictures, ⑦ **which** the photographer has to decide what to focus on before she presses the shutter.

기호	어색한 표현		올바른 표현
( )	______________________	⇨	______________________
( )	______________________	⇨	______________________
( )	______________________	⇨	______________________

17. 18)밑줄 부분 중 <u>어법, 혹은 문맥상 어휘의 쓰임이 어색한 것을 올바르게 고쳐 쓰시오. **(8개)** [38]

Introverted leaders do have to overcome the strong cultural ① **consumption** that extroverts are more effective leaders. Although the population splits into almost equal parts between introverts and extroverts, more than 96 percent of managers and executives are extroverted. In a study done in 2006, 65 percent of senior ② **cooperate** executives viewed introversion as a barrier to leadership. We must reexamine this stereotype, ③ **therefore**, as it doesn't always hold true. Regent University found that a desire to be of service to others and to empower ④ **it** to grow, which is more common among introverts than extroverts, ⑤ **is** a key factor in becoming a leader and ⑥ **containing** leadership. So-called servant leadership, ⑦ **dated** back to ancient philosophical literature, adheres to the belief that a company's goals are best achieved by helping workers or customers ⑧ **achieving** their goals. Such leaders do not seek attention but rather want to shine a light on others' wins and achievements: servant leadership requires ⑨ **humiliation**, but that humility ultimately pays off.

기호	어색한 표현		올바른 표현
( )	______________________	⇨	______________________
( )	______________________	⇨	______________________
( )	______________________	⇨	______________________
( )	______________________	⇨	______________________
( )	______________________	⇨	______________________
( )	______________________	⇨	______________________
( )	______________________	⇨	______________________
( )	______________________	⇨	______________________

18. 19)밑줄 부분 중 어법, 혹은 문맥상 어휘의 쓰임이 어색한 것을 올바르게 고쳐 쓰시오. (6개) [39]

By the nineteenth century, France had developed a system of ① **concisely** defined units of measurement to capture space, time, and more, and had begun to get other nations to ② **adopt** the same standards. Just half a century later, in the 1920s, the discoveries of quantum mechanics forever destroyed the dream of ③ **comprehensible** and perfect measurement. And yet, outside a relatively small circle of physicists, the mindset of humankind's drive to ④ **flowlessly** measure continued among engineers and scientists. In the world of business it even expanded, as the precision-oriented sciences of mathematics and statistics began to influence all areas of commerce. However, contrary to the trend of the past several decades, in many new situations that are ⑤ **occurred** today, ⑥ **allow** for imprecision - for messiness -may be a positive feature, not a shortcoming. As a tradeoff for relaxing the standards of allowable errors, one can get a hold of ⑦ **many** more data. It isn't just that "more is better than some", but that, in fact, sometimes "more is greater than better".

기호	어색한 표현		올바른 표현
( )	___________	⇨	___________
( )	___________	⇨	___________
( )	___________	⇨	___________
( )	___________	⇨	___________
( )	___________	⇨	___________
( )	___________	⇨	___________

19. 20)밑줄 부분 중 어법, 혹은 문맥상 어휘의 쓰임이 어색한 것을 올바르게 고쳐 쓰시오. (6개) [40]

Multiple laboratory studies show that cooperative people tend to ① **conceive** social advantages from others. One way to demonstrate this is to give people the opportunity to act positively or negatively toward contributors. For example, Pat Barclay, a professor at the University of Guelph, had participants ② **to play** a cooperative game where people could contribute money toward a group fund which helped all group members, and then allowed participants ③ **giving** money to other participants based on their reputations. People who contributed more to the group fund ④ **gave** responsibility for more money than people who contributed ⑤ **less**. Similar results have been found by other researchers. People who contribute toward their groups are also chosen more often as interaction partners, ⑥ **preferring** as leaders, rated as more desirable partners for long-term relationships, and are perceived to be trustworthy and have high social status. Uncooperative people tend to receive ⑦ **nonverbal** criticism or even more severe punishment.

기호	어색한 표현		올바른 표현
( )	___________	⇨	___________
( )	___________	⇨	___________
( )	___________	⇨	___________
( )	___________	⇨	___________
( )	___________	⇨	___________
( )	___________	⇨	___________

20. 21)밑줄 부분 중 어법, 혹은 문맥상 어휘의 쓰임이 어색한 것을 올바르게 고쳐 쓰시오. **(9개)** 41-42

In Western society, many music performance settings make a clear distinction between performers and audience members: the performers are the "doers" and those in the audience ① **takes** a decidedly ② **passive** role. The performance space itself may further reinforce the distinction with a physical separation between the stage and audience seating. Perhaps because this distinction is so ③ **uncommon**, audiences seem to greatly value opportunities to have special "④ **assess**" to performers that affords understanding about performers' style of music. Some performing musicians have won great ⑤ **prove** by regularly incorporating "audience participation" into their concerts. ⑥ **If** by leading a sing-along activity or teaching a rhythm to be clapped at certain points, including audience members in the music making canboost the level of engagement and enjoyment for all involved. Performers who are uncomfortable ⑦ **led** audience participation can still connect with the audience simply by giving a special glimpse of the performer perspective. It is quite common in classical music to provide audiences with program notes. Typically, this text in a program gives background information about pieces of music ⑧ **performing** and perhaps biographical information about historically significant composers. What may be of more interest to audience members ⑨ **are** background information about the very performers who are onstage, including an explanation of why they have chosen the music they are presenting. Such insight can makeaudience members feel ⑩ **closely** to the musicians onstage, both metaphorically and emotionally. This connection will likely enhance the expressive and communicative experience.

기호	어색한 표현		올바른 표현
( )	__________________	⇨	__________________
( )	__________________	⇨	__________________
( )	__________________	⇨	__________________
( )	__________________	⇨	__________________
( )	__________________	⇨	__________________
( )	__________________	⇨	__________________
( )	__________________	⇨	__________________
( )	__________________	⇨	__________________

2023 고2 11월 모의고사

❶ voca ❷ text ❸ [/] ❹ _____ ❺ quiz 1 ❻ quiz 2 ❼ quiz 3 ❽ quiz 4 ❾ quiz 5

☑ 다음 글을 읽고 물음에 답하시오. (19.)

Chaske, a Cherokee boy, was sitting on a tree stump. As a ^{통과의식, 3단어} _____________ for youths in his tribe, Chaske had to survive one night in the forest wearing a ^{눈 가리개} _________, not knowing he was observed by his father. After the sunset, Chaske could hear all kinds of noises. The wind blew the grass and shook his stump. A sense of ^{공포} _____ swept through his body. What if wild beasts are looking at me? I can't stand this! Just as he was about to take off the blindfold to run away, a voice came in from somewhere. "I'm here around you. Don't give up, and complete your mission". It was his father's voice. He has been watching me from nearby! With just the ^{존재} _______ of his father, the boy regained ^{안정} _________. What panicked him awfully a moment ago vanished into thin air.

1. 1)힌트를 참고하여 각 빈칸에 알맞은 단어를 쓰시오.

☑ 다음 글을 읽고 물음에 답하시오. (20.)

Agriculture includes a range of activities such as planting, harvesting, ^{비료 주기} __________, pest management, raising animals, and distributing food and agricultural products. It is one of the oldest and most essential human activities, dating back thousands of years, and has played a critical role in the development of human ^{문명} __________, allowing people to create stable food supplies and settle in one place. Today, agriculture remains a ^{중요한} ______ industry that feeds the world's population, supports rural communities, and provides raw materials for other industries. However, agriculture faces numerous challenges such as climate change, water ^{부족} _______, soil ^{저하} _________, and ^종 ^{다양성} __________ loss. As the world's population continues to grow, (가)농업이 직면한 문제를 다루고 식량과 다른 농산물의 지속적인 생산을 보장하기 위한 지속 가능한 해결책을 찾는 것이 필수적이다.

2. 2)힌트를 참고하여 각 빈칸에 알맞은 단어를 쓰시오.

3. 3)위 글에 주어진 (가)의 한글과 같은 의미를 가지도록, 각각의 주어진 단어들을 알맞게 배열하시오.

(가) products. / address / food / of / the / solutions / sustainable / ensure / essential / is / and / other / production / continued / facing / agricultural / agriculture / to / find / the / challenges / and / it / to

☑ **다음 글을 읽고 물음에 답하시오.** (21.)

The arts and aesthetics offer emotional connection to the full range of human experience. "The arts can be more than just sugar on the tongue", Anjan Chatterjee, a professor at the University of Pennsylvania, says. ⓐ "In art, when there's something challenging, which can also be comfortable, this comfort, if we're willing to engage with it, offers the possibility of some change, some transformation. That can also be a powerful aesthetic experience". The arts, in this way, become vehicles to contend with ideas and concepts that are difficult and uncomfortable similarly. When Picasso painted his masterpiece Guernica in 1937, he captured the heartbreaking and cruel nature of war, and offered the world a way to consider the universal suffering caused by the Spanish Civil War. When Lorraine Hansberry wrote her play A Raisin in the Sun, she gave us a powerful story of people struggling with ^{인종 차별} ______, discrimination, and the pursuit of the American dream while also offering a touching portrait of family life.

4. 4)힌트를 참고하여 각 빈칸에 알맞은 단어를 쓰시오.

5. 5)밑줄 친 ⓐ에서, 어법 혹은 문맥상 어색한 부분을 찾아 올바르게 고쳐 쓰시오.

  ⓐ   잘못된 표현   바른 표현

  (   ) ⇨ (   )

  (   ) ⇨ (   )

  (   ) ⇨ (   )

☑ **다음 글을 읽고 물음에 답하시오.** (22.)

Many historians have pointed to the significance of ^{정확한} ________ time measurement to Western economic progress. The French historian Jacques Le Goff called the birth of the public mechanical clock a turning point in Western society. Until the late Middle Ages, (가) 사람들은 해시계와 물시계를 가지고 있었는데, 그것들은 경제 활동에 있어서 아무런 의미 있는 역할을 하지 못했다. Market openings and activities started with the sunrise and typically ended at noon when the sun was at its ^{정점} ____. But when the first public mechanical clocks were introduced and spread across European cities, market times were set by the stroke of the hour. Public clocks thus greatly contributed to public life and work by providing a new concept of time that was easy for everyone to understand. This, in turn, helped ^{촉진시키다} _________ trade and commerce. Interactions and transactions between consumers, retailers, and wholesalers became less irregular. (나) 중요한 마을 회의들은 시계의 페이스를 따르기 시작했고, 이것은 사람들이 그들의 시간을 더 잘 계획하고 더 효율적인 방식으로 자원들을 분배하는 것을 허락해 주었다.

6. 6)힌트를 참고하여 각 빈칸에 알맞은 단어를 쓰시오.

7. 7)위 글에 주어진 (가) ~ (나)의 한글과 같은 의미를 가지도록, 각각의 주어진 단어들을 알맞게 배열하시오.

(가) or / in / water / not / did / which / play / activities. / business / had / role / meaningful / any / people / sun / clocks,

(나) meetings / resources / allowing / pace / began / Important / to / efficient / more / of / allocate / a / clock, / in / better / the / and / plan / people / manner. / the / time / their / follow / to / town

☑ **다음 글을 읽고 물음에 답하시오.** (23.)

Sylvan Goldman ^{발명하다} _________ the shopping cart and introduced it in his stores in 1937. (가) <u>그것은 쇼핑객들이 지치거나 다른 사람들의 도움을 구하지 않고 그들이 원했던 만큼 구매하는 것을 쉽게 만들어 준 훌륭한 장치였다</u> But Goldman discovered that ^{~에도 불구하고, 3단어} _________ his repeated advertisements and explanations, he could not ^{설득하다} _________ his shoppers to use the wheeled carts. Men were ^{꺼리는} _________ because they thought they would appear weak if they pushed such carts instead of carrying their shopping. ⓐ <u>Women wouldn't touch them because the carts reminding them to baby carriages. It was only a few elderly shoppers who used them. That made the carts more less attractive to the majority of the shoppers.</u> Then Goldman hit upon an idea. He hired several models, men and women, of different ages and asked them to wheel the carts in the store and shop. A young woman employee standing near the entrance told the regular shoppers, 'Look, everyone is using the carts. Why don't you'? That was the ^{전환점, 2단어} _________. A few shills ^{위장한} _________ as regular shoppers easily accomplished what logic, explanations, and advertisements failed to do. Within a few weeks shoppers readily accepted those carts.

8. 8)힌트를 참고하여 각 <u>빈칸에 알맞은</u> 단어를 쓰시오.

9. 9)밑줄 친 ⓐ에서, 어법 혹은 문맥상 어색한 부분을 찾아 올바르게 고쳐 쓰시오.

　ⓐ　　　잘못된 표현　　　　　　바른 표현
　（　　　　　　　　）⇨（　　　　　　　　）
　（　　　　　　　　）⇨（　　　　　　　　）
　（　　　　　　　　）⇨（　　　　　　　　）

10. 10)위 글에 주어진 (가)의 한글과 같은 의미를 가지도록, 각각의 주어진 단어들을 알맞게 배열하시오.

(가) for / that / help. / easy / getting / as / without / an / tired / to / was / device / excellent / make / buy / much / they / wanted / It / shoppers / seekingothers' / would / or / as / it

☑ **다음 글을 읽고 물음에 답하시오.** (24.)

In response to human-like care robots, 비평가 _______ might 비난하다, c로 시작 _______ that human-robot interactions create 도덕적인 _______ 위험, h로 시작 _______ for 치매 _______ patients. (가) 속임수가 그것이 가치 있는 목표를 달성할 때 때때로 허용된다고 하더라도, 취약한 사용자들에게 그것이 허용되어야 할까? ⓐ Just as children on the autism spectrum with robot companions might be easily fooling into thought of robots as friends, older adults with cognitive deficits might be. According to Alexis Elder, a professor at UMD, robots are false friends, superioir to true friendship. Reasoned along similar lines, John Sullins, a professor at Sonoma State University, holds that robots should "remain iconic or cartoonish so that they are easily distinguished as synthetic even by sophisticated users". At least then no one is fooled. ⓑ Making robots clearly fake also avoids the so-called "uncanny valley", where robots are perceived as scary because they so closely resemble to us, but not quite. Other critics of robot deception argue that when care recipients deceived into thinking that robots care, this crosses a line and violates human dignity.

11. 11)힌트를 참고하여 각 빈칸에 알맞은 단어를 쓰시오.

12. 12)밑줄 친 ⓐ~ⓑ에서, 어법 혹은 문맥상 어색한 부분을 찾아 올바르게 고쳐 쓰시오.

    ⓐ   잘못된 표현   바른 표현

    (   ) ⇨ (   )

    (   ) ⇨ (   )

    (   ) ⇨ (   )

    (   ) ⇨ (   )

    (   ) ⇨ (   )

    ⓑ   잘못된 표현   바른 표현

    (   ) ⇨ (   )

    (   ) ⇨ (   )

13. 13)위 글에 주어진 (가)의 한글과 같은 의미를 가지도록, 각각의 주어진 단어들을 알맞게 배열하시오.

(가) worthy / serves / it / it / goals, / when / deception / is / users? / vulnerable / be / for / allowed / Even / sometimes / if / should / allowed

☑ **다음 글을 읽고 물음에 답하시오.** (26.)

Maggie L. Walker achieved national ^{명성} ___________ as a businesswoman and community leader. She was among the earliest Black students to attend newly-established public schools for African Americans. After graduating, she worked as a teacher for three years at the Valley School, where she had studied. In the early 1900s, Virginia banks owned by white bankers were unwilling to do business with African American organizations or individuals. The racial ^{차별} ______________ by white bankers drove her to study banking and financial laws. She established a newspaper to promote closer communication between the ^{자선 단체, 2단어} _____________________ she belonged to and the public. Soon after, she ^{설립하다} ________ the St. Luke Penny Savings Bank, which survived the Great Depression and merged with two other banks. It thrived as the oldest continually African American-operated bank until 2009. Walker achieved successes with the vision to make improvements in the way of life for African Americans.

14. 14)힌트를 참고하여 각 <u>빈칸에 알맞은</u> 단어를 쓰시오.

☑ **다음 글을 읽고 물음에 답하시오.** (29.)

ⓐ <u>Lectins are large proteins that serve as a crucial weapon that plants use to defend them. The lectins in most plants bind to carbohydrates as they consume the plant. They also bind to sugar molecules found in the gut, in the brain, between nerve endings, in joints and in all bodily fluids.</u> According to Dr. Steven Gundry, these sticky proteins can interrupt messaging between cells and cause toxic and jinflammatory reactions. Brain fog is just one result of lectins interrupting communication between nerves. An upset stomach is another common symptom of lectin ^{과다} ________. Dr. Gundry lists a wide range of other health problems including aching joints, dementia, headaches and infertility that have been resolved in his patients once they eliminated lectins from their diets. Dr. Paul Saladino writes that the hypothesis that lectins are involved in Parkinson's disease is also gaining support, with animal studies showing that '(가) <u>'렉틴이 일단 섭취되면, 장에 손상을 입히고 뇌로 이동해 그곳에서 그것들이 도파민 작동성 신경 세포에 독성을 일으키는 것처럼 보인다'</u>.

15. 15)힌트를 참고하여 각 <u>빈칸에 알맞은</u> 단어를 쓰시오.

16. 16)밑줄 친 ⓐ에서, 어법 혹은 문맥상 어색한 부분을 찾아 올바르게 고쳐 쓰시오.

   ⓐ   잘못된 표현   바른 표현

   (   ) ⇨ (   )

   (   ) ⇨ (   )

17. 17)위 글에 주어진 (가)의 한글과 같은 의미를 가지도록, 각각의 주어진 단어들을 알맞게 배열하시오.

(가) dopaminergic / be / they / travelling / lectins, / to / neurons / once / be / to / the / where / the / damaging / brain, / may / appear / eaten, / gut / toxic / and / to

☑ **다음 글을 읽고 물음에 답하시오.** (30.)

Technology changes how individuals and societies understand the concept of privacy. (가) <u>누군가가 정보에 접근하거나 다른 사람의 행동을 관찰하는 새로운 능력을 갖추고 있다는 사실은 그렇게 하는 것을 정당화하지 않는다</u> Rather, advances in technology require citizens and policy makers to consider how privacy protections should be expanded. ⓐ <u>For example, when cameras first became available for commercial and private use, nations and citizens struggled over whether new laws should be enacted to protect individuals from photographing without its permission. The reconsideration of privacy brought about by this new technology re-affirming a distinction between private and public spaces.</u> It was determined by most cultures that people automatically gave ^{동의} _________ to being seen - and thus recorded - once they voluntarily stepped into a public space. Although some people might be uncomfortable with the spread of ^{감시} ___________ cameras, citizens in most cultures have adjusted to the fact that (나) <u>이러한 상황에서 관찰되지 않을 권리를 포기하는 것이 감시받지 못하는 것보다 지역 사회에 더 저은 해를 끼친다</u>

18. ¹⁸⁾힌트를 참고하여 각 <u>빈칸에 알맞은</u> 단어를 쓰시오.

19. ¹⁹⁾밑줄 친 ⓐ에서, 어법 혹은 문맥상 어색한 부분을 찾아 올바르게 고쳐 쓰시오.

   ⓐ   잘못된 표현   바른 표현

   (   ) ⇨ (   )

   (   ) ⇨ (   )

   (   ) ⇨ (   )

20. ²⁰⁾위 글에 주어진 (가) ~ (나)의 한글과 같은 의미를 가지도록, 각각의 주어진 단어들을 알맞게 배열하시오.

(가) so. / The / another / has / does / not / information / actions / or / doing / access / a / new / someone / fact / justify / the / that / to / watch / of / ability

(나) to / community / to / giving / the / circumstances / causes / less / have / failing / harm / be / in / surveillance. / these / right / not / observed / the / up / than / to

☑ 다음 글을 읽고 물음에 답하시오. ^(31.)

^{문맥상 들어갈 단어} __________ that is statistically impossible seems to us like an ^{비이성적인} _________ event, and some define it as a miracle. But, as Montaigne has said, "the origin of a miracle is in our ^{무지} ________, at the level of our knowledge of nature, and not in nature itself". Glorious miracles have been later on discovered to be ^{복종} ________ to the laws of nature or a technological development that was not widely known at the time. As the German poet, Goethe, phrased it: ⓐ <u>"Things that are miracles are not yet mysterious". The miracle assumes the intervention of a "higher power" in its occurrence that is beyond human capability grasping.</u> Yet there are methodical and simple ways to "cause a miracle" without divine revelation and inspiration. Instead of checking it out, investigating and finding the source of the event, we define it as a miracle. (가) <u>그렇다면, 기적은 생각하는 데 너무 게으른 사람들의 핑계이다.</u>

21. ²¹⁾힌트를 참고하여 각 <u>빈칸에 알맞은</u> 단어를 쓰시오.

22. ²²⁾밑줄 친 ⓐ에서, 어법 혹은 문맥상 어색한 부분을 찾아 올바르게 고쳐 쓰시오.

    ⓐ   잘못된 표현   바른 표현

  (   ) ⇨ (   )

  (   ) ⇨ (   )

  (   ) ⇨ (   )

23. ²³⁾위 글에 주어진 (가)의 한글과 같은 의미를 가지도록, 각각의 주어진 단어들을 알맞게 배열하시오.

(가) is / excuse / of / those / too / think. / who / lazy / are / then, / The / miracle, / to / the

☑ **다음 글을 읽고 물음에 답하시오.** (32.)

Information ^{마주하다} __________ after an event can influence ^{이후의} __________ remembering. ⓐ <u>External/Internal> information can easily integrate into a witness's memory, especially if the event was poorly encoding or the memory is from a close event, in which case time and forgetting have degraded the original memory. With many information available in memory which to confirm the validity of post-event misinformation, it is less likely that this new information will reject.</u> Instead, especially when it fits the witness's current thinking and can be used to create a story that makes sense to him or her, it may be integrated as part of the original experience. ⓑ <u>This process can be explicit (i.e., the witness knows it is happening), but it is often conscious. That is, the witness might find himself or herself thinking about the event differently with awareness. Over time, the witness may not even know the source of information that led to the (new) memory. Sources of misinformation in forensic contexts can encounter anywhere, from discussions with other witnesses to social media searches to multiple interviews with investigators or other legal professionals, and even in court.</u>

24. ²⁴⁾힌트를 참고하여 각 <u>빈칸에 알맞은</u> 단어를 쓰시오.

25. ²⁵⁾밑줄 친 ⓐ~ⓑ에서, 어법 혹은 문맥상 어색한 부분을 찾아 올바르게 고쳐 쓰시오.

ⓐ　　　잘못된 표현　　　　　　　바른 표현

(　　　　　　　　) ⇨ (　　　　　　　　)
(　　　　　　　　) ⇨ (　　　　　　　　)
(　　　　　　　　) ⇨ (　　　　　　　　)
(　　　　　　　　) ⇨ (　　　　　　　　)
(　　　　　　　　) ⇨ (　　　　　　　　)

ⓑ　　　잘못된 표현　　　　　　　바른 표현

(　　　　　　　　) ⇨ (　　　　　　　　)
(　　　　　　　　) ⇨ (　　　　　　　　)
(　　　　　　　　) ⇨ (　　　　　　　　)

☑ **다음 글을 읽고 물음에 답하시오.** (33.)

Correlations are powerful because the insights they offer are relatively clear. These insights are often covered up when we bring 〔문맥상 들어갈 단어〕 _________ back into the picture. For instance, a used-car dealer supplied data to statisticians to 〔예측하다〕 _______ which of the vehicles available for purchase at an auction were likely to have problems. A correlation analysis showed that orange-colored cars were far less likely to have 〔결함〕 _______. Even as we read this, we already think about why it might be so: Are orange-colored car owners likely to be car 〔애호가〕 __________ and take better care of their vehicles? ⓐ Or, is it because orange-colored cars are more noticeable on the road and therefore more likely to be in accidents, so they're in better condition when resold? Quickly we are caught in a web of competing casual hypotheses. But our attempts to illuminate things this way only make them more clear. Correlations exist; we can show them mathematically. We can't easily do the same for causal links. (가) 따라서 우리는 상관관계의 배후에 있는 이유를 설명하려 하지 않는 것이 좋다

26. 26)힌트를 참고하여 각 빈칸에 알맞은 단어를 쓰시오.

27. 27)밑줄 친 ⓐ에서, 어법 혹은 문맥상 어색한 부분을 찾아 올바르게 고쳐 쓰시오.

    ⓐ   잘못된 표현   바른 표현

    (   ) ⇨ (   )

    (   ) ⇨ (   )

    (   ) ⇨ (   )

28. 28)위 글에 주어진 (가)의 한글과 같은 의미를 가지도록, 각각의 주어진 단어들을 알맞게 배열하시오.

(가) to / correlations. / explain / So / we / to / reason / well / off / would / do / the / behind / the / hold / trying / from

☑ **다음 글을 읽고 물음에 답하시오.** (34.)

ⓐ Most mice in the wild are eaten or die before their life span of two years is over. They die from internal causes, such as disease, starvation, or predators, not due to external causes, such as aging. That is why nature has made mice to live, on average, for no longer than two years. Now we have arrived at an important point: The average life span of an animal species, or the rate at which it ages, is determined by the average time that this animal species can survive in the wild. That explains why a bat can live to be 30 years old. (가) 쥐와 대조적으로 박쥐는 날 수 있고, 이것은 그들이 위험에서 훨씬 더 빨리 도망칠 수 있는 이유이다. Thanks to their wings, bats can also cover longer distances and are better able to find food. Every 유전적인 ________ change in the past that made it possible for a bat to live longer was useful, because bats are much better able than mice to flee from danger, find food, and survive.

29. 29)힌트를 참고하여 각 빈칸에 알맞은 단어를 쓰시오.

30. 30)밑줄 친 ⓐ에서, 어법 혹은 문맥상 어색한 부분을 찾아 올바르게 고쳐 쓰시오.

    ⓐ   잘못된 표현   바른 표현

    (   ) ⇨ (   )

    (   ) ⇨ (   )

31. 31)위 글에 주어진 (가)의 한글과 같은 의미를 가지도록, 각각의 주어진 단어들을 알맞게 배열하시오.

(가) In / can / danger / bats / mice, / much / can / is / to / contrast / from / escape / fly, / why / faster. / which / they

☑ **다음 글을 읽고 물음에 답하시오.** (35.)

도덕적인 ______ excellence, according to Aristotle, is the result of habit and repetition, though modern science would also suggest that it may have an innate, 유전적인 ________ 성분 ________. This means that moral excellence will be broadly set early in our lives, which is why the question of how early to teach it is so important. Freud suggested that we don't change our personality much after age five or thereabouts, but as in many other things, Freud was wrong. Recent psychological research shows that personality traits 안정화되다 ________ around age thirty in both men and women and regardless of ethnicity as the human brain continues to develop, both 신경해부학적으로 ____________ and in terms of cognitive skills, until the mid-twenties. The advantage of this new understanding is that we can be a bit more optimistic than Aristotle and Freud about being able to teach moral excellence.

32. 32)힌트를 참고하여 각 빈칸에 알맞은 단어를 쓰시오.

☑ **다음 글을 읽고 물음에 답하시오.** (36.)

The size of a ^종 _______ is not accidental. It's a ^{미세하게 조정된} _________ interaction between a species and the world it inhabits. Over large periods of time, size ^{변동} __________ have often signalled significant changes in the environment. Generally speaking, over the last five hundred million years, the trend has been towards animals getting larger. It's particularly notable in ^{바다의} _______ animals, whose average body size has increased 150-fold in this time. But we are beginning to see changes in this trend. Scientists have discovered that many animals are ^{축소되는} ________. Around the world, species in every category have been found to be getting smaller, and one major cause appears to be the heat. Animals living in the Italian Alps, for example, have seen temperatures rise by three to four degrees Celsius since the 1980s. ⓐ <u>To avoid overheating, chamois goats now spend less of their days resting rather than searching for food, and as a result, in just a few decades, the new generations of chamois are 25 percent bigger.</u>

33. ³³⁾힌트를 참고하여 각 <u>빈칸에 알맞은</u> 단어를 쓰시오.

34. ³⁴⁾밑줄 친 ⓐ에서, 어법 혹은 문맥상 어색한 부분을 찾아 올바르게 고쳐 쓰시오.

    ⓐ   잘못된 표현   바른 표현

    (   ) ⇨ (   )

    (   ) ⇨ (   )

☑ **다음 글을 읽고 물음에 답하시오.** (37.)

For a long time, random sampling was a good ^{지름길} ________. It made analysis of large data problems possible in the pre-digital era. (가) <u>그러나 디지털 이미지나 노래를 더 작은 파일로 변환하는 것이 데이터 손실을 유발하는 것과 마찬가지로, 추출을 할 때 정보가 손실된다.</u> Having the full (or close to the full) dataset provides a lot more freedom to explore, to look at the data from different angles or to look closer at certain aspects of it. A fitting example may be the light-field camera, which captures not just a single plane of light, as with conventional cameras, but rays from the entire light field, some 11 million of them. The photographers can decide later which element of an image to focus on in the digital file. There is no need to focus at the beginning, since collecting all the information makes it possible to do that ^{이후에} _________. Because rays from the entire light field are included, it is closer to all the data. (나) <u>결과적으로 사진사가 셔터를 누르기 전에 그녀가 무엇에 초점을 맞출지를 결정해야 하는 일반 사진들보다 그 정보는 더 '재사용 가능'하다.</u>

35. ³⁵⁾힌트를 참고하여 각 <u>빈칸에 알맞은</u> 단어를 쓰시오.

36. ³⁶⁾위 글에 주어진 (가) ~ (나)의 한글과 같은 의미를 가지도록, 각각의 주어진 단어들을 알맞게 배열하시오.

> (가) information / But / image / results / sampling. / file / much / song / in / a / when / as / into / loss / digital / smaller / is / of / lost / a / data, / or / converting

> (나) what / the / decide / to / As / information / ordinary / more / shutter. / photographer / the / than / on / result, / before / to / presses / focus / the / is / where / "reuseable" / has / a / she / pictures,

☑ **다음 글을 읽고 물음에 답하시오.** (38.)

(가) <u>내향적인 리더들은 외향적인 사람들이 더 유능한 리더라는 강력한 문화적 억측을 극복해야 한다.</u> Although the population splits into almost equal parts between introverts and extroverts, more than 96 percent of managers and executives are extroverted. In a study done in 2006, 65 percent of senior corporate executives viewed introversion as a barrier to leadership. We must reexamine this ^{고정관념} __________, however, as it doesn't always hold true. Regent University found that a desire to be of service to others and to empower them to grow, which is more common among introverts than extroverts, is a key factor in becoming a leader and retaining leadership. So-called servant leadership, dating back to ancient philosophical literature, adheres to the belief that a company's goals are best achieved by helping workers or customers achieve their goals. (나) <u>그런 리더들은 관심을 추구하는 것이 아니라 오히려 다른 사람들의 승리와 업적에 빛을 비추고 싶어 한다</u>: {servant leadership requires humility, but that humility ultimately pays off./servant leadership requires humility, but that humility ultimately pays off./서번트 리더십은 겸손을 필요로 하지만, 그 겸손은 궁극적으로 결실을 맺는다.}

37. ³⁷⁾힌트를 참고하여 각 <u>빈칸에 알맞은</u> 단어를 쓰시오.

38. ³⁸⁾위 글에 주어진 (가) ~ (나)의 한글과 같은 의미를 가지도록, 각각의 주어진 단어들을 알맞게 배열하시오.

(가) Introverted / to / that / do / more / leaders / strong / have / overcome / the / leaders. / extroverts / presumption / cultural / effective / are

(나) on / wins / Such / leaders / achievements / want / to / shine / light / rather / not / others' / do / seek / and / a / but / attention

☑ **다음 글을 읽고 물음에 답하시오.** (39.)

By the nineteenth century, France had developed a system of ^{정확하게} __________ defined units of measurement to capture space, time, and more, and had begun to get other nations to adopt the same standards. Just half a century later, in the 1920s, the discoveries of quantum mechanics forever destroyed the dream of ^{포괄적인} ____________ and perfect measurement. And yet, outside a relatively small circle of physicists, the mindset of humankind's drive to ^{흠 없이} __________ measure continued among engineers and scientists. In the world of business it even expanded, as the precision-oriented sciences of mathematics and statistics began to influence all areas of commerce. However, contrary to the trend of the past several decades, in many new situations that are occurring today, allowing for ^{부정확성} __________ - for messiness - may be a positive feature, not a shortcoming. As a ^{대가} ________ for relaxing the standards of allowable errors, one can get a hold of much more data. It isn't just that "more is better than some", but that, in fact, sometimes ^{"들어갈 문장, 5단어} ____________________".

39. ³⁹⁾힌트를 참고하여 각 <u>빈칸에 알맞은</u> 단어를 쓰시오.

☑ **다음 글을 읽고 물음에 답하시오.** (40.)

Multiple laboratory studies show that 협력적인 ___________ people tend to receive social advantages from others. One way to 증명하다 ___________ this is to give people the opportunity to act positively or negatively toward contributors. For example, Pat Barclay, a professor at the University of Guelph, had participants play a cooperative game where people could contribute money toward a group fund which helped all group members, and then allowed participants to give money to other participants based on their 평판 ___________. People who contributed more to the group fund were given 책임감 ______________ for more money than people who contributed less. Similar results have been found by other researchers. People who contribute toward their groups are also chosen more often as interaction partners, preferred as leaders, rated as more 바람직한 _________ partners for long-term relationships, and are perceived to be trustworthy and have high social status. Uncooperative people tend to receive 언어적인 ______ criticism or even more severe punishment.

40. 40)힌트를 참고하여 각 <u>빈칸에 알맞은</u> 단어를 쓰시오.

☑ **다음 글을 읽고 물음에 답하시오.** (41-42.)

In Western society, many music performance settings make a clear ^{구분} __________ between performers and audience members: the performers are the "doers" and those in the audience take a decidedly ^{수동적인} ______ role. (가) 공연 공간 그 자체가 무대와 청중석 사이의 물리적 분리로 구분을 더 강화할 수 있다 Perhaps because this distinction is so common, audiences seem to greatly value opportunities to have special "access" to performers that affords understanding about performers' style of music. Some performing musicians have won great approval by regularly incorporating "audience participation" into their concerts. Whether by leading a sing-along activity or teaching a rhythm to be clapped at certain points, including audience members in the music making can boost the level of engagement and enjoyment for all involved. (나) 청중 참여를 이끄는 것에 불편함을 느끼는 공연자들은 단순히 그 공연자 관점을 특별히 흘끗 보여줌으로써 청중과 여전히 이어질 수 있다 It is quite common in classical music to provide audiences with program notes. Typically, this text in a program gives background information about pieces of music being performed and perhaps biographical information about historically significant composers. (다) 청중들에게 더 흥미로울 수도 있는 것은 무대 위에 있는 바로 그 연주가에 관한 배경 정보이다, including an explanation of why they have chosen the music they are presenting. Such insight can make audience members feel closer to the musicians onstage, both ^{비유적으로} ____________ and emotionally. This connection will likely enhance the expressive and communicative experience.

41. ⁴¹⁾힌트를 참고하여 각 빈칸에 알맞은 단어를 쓰시오.

42. ⁴²⁾위 글에 주어진 (가) ~ (다)의 한글과 같은 의미를 가지도록, 각각의 주어진 단어들을 알맞게 배열하시오.

(가) further / itself / performance / between / may / The / stage / the / physical / separation / distinction / audience / with / a / and / reinforce / space / seating. / the

(나) audience / participation / with / of / connect / special / the / by / still / who / Performers / performer / are / giving / glimpse / audience / leading / can / simply / uncomfortable / a / the / perspective.

(다) members / What / the / audience / information / be / are / onstage / background / who / more / may / performers / interest / to / very / about / of / is

Prac 1 **Answers**

1) inform
2) that
3) While
4) bouncing
5) shouting
6) restrict
7) survive
8) wearing
9) knowing
10) swept
11) watching
12) presence
13) stability
14) What
15) vanished
16) includes
17) distributing
18) activities
19) dating
20) has
21) to create
22) feeds
23) facing
24) emotional
25) more
26) uncomfortable
27) discomfort
28) engage
29) transformation
30) contend
31) difficult
32) offered
33) caused by
34) struggling
35) discrimination
36) accurate
37) progress
38) which
39) meaningful
40) But
41) contributed
42) facilitate
43) irregular
44) plan
45) allocate
46) device
47) it
48) that
49) persuade
50) reluctant
51) weak
52) them
53) of
54) attractive
55) wheel
56) standing
57) disguised
58) what
59) to do
60) accepted
61) moral
62) deception
63) worthy
64) deficits
65) be

66) inferior
67) Reasoning
68) distinguished
69) synthetic
70) fake
71) where
72) resemble
73) recipients
74) violates
75) attend
76) where
77) unwilling
78) to study
79) founded
80) which
81) merged
82) thrived
83) serve as
84) that
85) bind
86) bind
87) found
88) interrupting
89) infertility
90) have
91) resolved
92) eliminated
93) that
94) showing
95) eaten
96) damaging
97) where
98) how
99) that
100) access
101) does
102) justify
103) expanded
104) enacted
105) being photographed
106) distinction
107) consent
108) Although
109) adjusted
110) be observed
111) failing
112) irrational
113) define
114) ignorance
115) discovered
116) obedience
117) mysterious
118) intervention
119) divine
120) define
121) encountered
122) influence
123) External
124) poorly
125) degraded
126) with which
127) confirm
128) less
129) explicit
130) unconscious
131) That
132) differently
133) misinformation
134) powerful

135) are
136) causality
137) which
138) were
139) to have
140) be
141) because
142) less
143) causal
144) illuminate
145) make
146) causal
147) mice
148) die
149) is
150) to
151) why
152) longer
153) arrived at
154) at which
155) time
156) contrast
157) which
158) change
159) it
160) much
161) Moral
162) that
163) excellence
164) why
165) psychological
166) that
167) stabilize
168) neuroanatomically
169) optimistic
170) able
171) moral
172) interaction
173) inhabits
174) fluctuations
175) larger
176) category
177) smaller
178) living
179) overheating
180) resting
181) possible
182) in
183) Having
184) to
185) which
186) which
187) possible
188) Because
189) are
190) where
191) Introverted
192) do
193) population
194) barrier
195) however
196) that
197) which
198) retaining
199) dating
200) that
201) achieve
202) humility
203) humility

204) defined
205) adopt
206) destroyed
207) continued
208) contrary
209) that
210) imprecision
211) positive
212) relaxing
213) much
214) more
215) greater
216) cooperative
217) contributors
218) play
219) where
220) contribute
221) which
222) to give
223) were given
224) more
225) found
226) preferred
227) desirable
228) status
229) Uncooperative
230) distinction
231) passive
232) further
233) affords
234) incorporating
235) boost
236) uncomfortable
237) with
238) is
239) why
240) closer
241) enhance
242) conflict
243) argument
244) followed
245) Looking
246) seeing
247) the other
248) leaving
249) days
250) isolation

Prac 1 **Answers**

1) inform
2) that
3) While
4) bouncing
5) shouting
6) restrict
7) survive
8) wearing
9) knowing
10) swept
11) watching
12) presence
13) stability
14) What
15) vanished
16) includes
17) distributing
18) activities
19) dating
20) has
21) to create
22) feeds
23) facing
24) emotional
25) more
26) uncomfortable
27) discomfort
28) engage
29) transformation
30) contend
31) difficult
32) offered
33) caused by
34) struggling
35) discrimination
36) accurate
37) progress
38) which
39) meaningful
40) But
41) contributed
42) facilitate
43) irregular
44) plan
45) allocate
46) device
47) it
48) that
49) persuade
50) reluctant
51) weak
52) them
53) of
54) attractive
55) wheel
56) standing
57) disguised
58) what
59) to do
60) accepted
61) moral
62) deception
63) worthy
64) deficits
65) be

66) inferior
67) Reasoning
68) distinguished
69) synthetic
70) fake
71) where
72) resemble
73) recipients
74) violates
75) attend
76) where
77) unwilling
78) to study
79) founded
80) which
81) merged
82) thrived
83) serve as
84) that
85) bind
86) bind
87) found
88) interrupting
89) infertility
90) have
91) resolved
92) eliminated
93) that
94) showing
95) eaten
96) damaging
97) where
98) how
99) that
100) access
101) does
102) justify
103) expanded
104) enacted
105) being photographed
106) distinction
107) consent
108) Although
109) adjusted
110) be observed
111) failing
112) irrational
113) define
114) ignorance
115) discovered
116) obedience
117) mysterious
118) intervention
119) divine
120) define
121) encountered
122) influence
123) External
124) poorly
125) degraded
126) with which
127) confirm
128) less
129) explicit
130) unconscious
131) That
132) differently
133) misinformation
134) powerful

135) are
136) causality
137) which
138) were
139) to have
140) be
141) because
142) less
143) causal
144) illuminate
145) make
146) causal
147) mice
148) die
149) is
150) to
151) why
152) longer
153) arrived at
154) at which
155) time
156) contrast
157) which
158) change
159) it
160) much
161) Moral
162) that
163) excellence
164) why
165) psychological
166) that
167) stabilize
168) neuroanatomically
169) optimistic
170) able
171) moral
172) interaction
173) inhabits
174) fluctuations
175) larger
176) category
177) smaller
178) living
179) overheating
180) resting
181) possible
182) in
183) Having
184) to
185) which
186) which
187) possible
188) Because
189) are
190) where
191) Introverted
192) do
193) population
194) barrier
195) however
196) that
197) which
198) retaining
199) dating
200) that
201) achieve
202) humility
203) humility
204) defined
205) adopt
206) destroyed
207) continued
208) contrary
209) that
210) imprecision
211) positive
212) relaxing
213) much
214) more
215) greater
216) cooperative
217) contributors
218) play
219) where
220) contribute
221) which
222) to give
223) were given
224) more
225) found
226) preferred
227) desirable
228) status
229) Uncooperative
230) distinction
231) passive
232) further
233) affords
234) incorporating
235) boost
236) uncomfortable
237) with
238) is
239) why
240) closer
241) enhance
242) conflict
243) argument
244) followed
245) Looking
246) seeing
247) the other
248) leaving
249) days
250) isolation

Prac 2 Answers

1) ongoing
2) While
3) disrupted
4) individuals
5) struggle
6) bouncing
7) restrict
8) affected
9) appreciate
10) rite
11) survive
12) observed
13) shook
14) dread
15) stand
16) take
17) off
18) give
19) up
20) nearby
21) presence
22) vanished
23) management
24) essential
25) critical
26) supplies
27) remains
28) raw
29) other
30) faces
31) challenges
32) continues
33) sustainable
34) address
35) emotional
36) more
37) challenging
38) discomfort
39) engage
40) with
41) powerful
42) experience
43) vehicles
44) otherwise
45) masterpiece
46) heartbreaking
47) nature
48) universal
49) discrimination
50) touching
51) significance
52) birth
53) turning
54) point
55) meaningful
56) typically
57) peak
58) public
59) introduced
60) greatly
61) concept
62) in
63) turn
64) Interactions
65) transactions

66) pace
67) better
68) efficient
69) invented
70) device
71) without
72) in
73) spite
74) of
75) persuade
76) reluctant
77) appear
78) reminded
79) of
80) few
81) attractive
82) wheel
83) employee
84) disguised
85) accomplished
86) failed
87) accepted
88) care
89) moral
90) serves
91) vulnerable
92) companions
93) deficits
94) false
95) Reasoning
96) holds
97) so
98) that
99) distinguished
100) avoids
101) resemble
102) Other
103) recipients
104) violates
105) prominence
106) earliest
107) graduating
108) owned
109) unwilling
110) discrimination
111) drove
112) belonged
113) to
114) founded
115) merged
116) with
117) thrived
118) improvements
119) weapon
120) themselves
121) consume
122) interrupt
123) cause
124) result
125) another
126) including
127) once
128) hypothesis
129) eaten
130) toxic
131) concept
132) access
133) justify
134) advances

135) expanded
136) commercial
137) whether
138) enacted
139) photographed
140) brought
141) about
142) determined
143) consent
144) voluntarily
145) Although
146) spread
147) giving
148) up
149) circumstances
150) Coincidence
151) irrational
152) origin
153) ignorance
154) Glorious
155) obedience
156) widely
157) mysterious
158) intervention
159) Yet
160) divine
161) investigating
162) define
163) excuse
164) after
165) subsequent
166) External
167) integrate
168) degraded
169) reduced
170) confirm
171) less
172) Instead
173) fits
174) makes
175) sense
176) explicit
177) differently
178) led
179) to
180) misinformation
181) encountered
182) even
183) Correlations
184) clear
185) causality
186) likely
187) less
188) so
189) better
190) noticeable
191) therefore
192) condition
193) causal
194) illuminate
195) exist
196) same
197) hold
198) off
199) reason
200) wild
201) life
202) span
203) external
204) internal
205) why
206) no
207) longer
208) average
209) at
210) which
211) can
212) In
213) contrast
214) to
215) Thanks
216) to
217) better
218) longer
219) flee
220) Moral
221) habit
222) though
223) may
224) broadly
225) which
226) personality
227) Recent
228) stabilize
229) regardless
230) of
231) both
232) advantage
233) optimistic
234) accidental
235) interaction
236) changes
237) Generally
238) speaking
239) last
240) trend
241) notable
242) increased
243) But
244) shrinking
245) every
246) major
247) living
248) rise
249) overheating
250) rather
251) than
252) a
253) few
254) generations
255) random
256) possible
257) converting
258) lost
259) freedom
260) angles
261) fitting
262) which
263) conventional
264) entire
265) decide
266) focus
267) since
268) it
269) closer
270) ordinary
271) before
272) Introverted

273) do
274) extroverts
275) Although
276) splits
277) extroverted
278) barrier
279) reexamine
280) true
281) desire
282) others
283) common
284) key
285) retaining
286) adheres
287) achieve
288) rather
289) pays
290) off
291) developed
292) capture
293) adopt
294) destroyed
295) comprehensive
296) relatively
297) drive
298) expanded
299) influence
300) contrary
301) to
302) positive
303) tradeoff
304) more
305) some
306) in
307) fact
308) cooperative
309) social
310) demonstrate
311) toward
312) had
313) cooperative
314) which
315) other
316) reputations
317) responsibility
318) than
319) Similar
320) interaction
321) preferred
322) rated
323) perceived
324) Uncooperative
325) severe
326) clear
327) performers
328) those
329) audience
330) itself
331) physical
332) Perhaps
333) that
334) Some
335) incorporating
336) Whether
337) or
338) boost
339) engagement
340) uncomfortable
341) still

342) common
343) Typically
344) background
345) historically
346) What
347) very
348) presenting
349) closer
350) both
351) enhance
352) expressive
353) communicative
354) neighboring
355) conflict
356) serious
357) side
358) by
359) side
360) grew
361) exploded
362) exchange
363) knock
364) find
365) Looking
366) few
367) nothing
368) took
369) put
370) worse
371) block
372) materials
373) another
374) some
375) dropped
376) had
377) built
378) stretched
379) the
380) other
381) stood
382) leaving
383) invitation
384) isolation
385) nodded

 Answers

1) ongoing
2) While
3) disrupted
4) individuals
5) struggle
6) bouncing
7) restrict
8) affected
9) appreciate
10) rite
11) survive
12) observed
13) shook
14) dread
15) stand
16) take
17) off
18) give
19) up
20) nearby
21) presence
22) vanished
23) management
24) essential
25) critical
26) supplies
27) remains
28) raw
29) other
30) faces
31) challenges
32) continues
33) sustainable
34) address
35) emotional
36) more
37) challenging
38) discomfort
39) engage
40) with
41) powerful
42) experience
43) vehicles
44) otherwise
45) masterpiece
46) heartbreaking
47) nature
48) universal
49) discrimination
50) touching
51) significance
52) birth
53) turning
54) point
55) meaningful
56) typically
57) peak
58) public
59) introduced
60) greatly
61) concept
62) in
63) turn
64) Interactions
65) transactions
66) pace
67) better
68) efficient
69) invented
70) device
71) without
72) in
73) spite
74) of
75) persuade
76) reluctant
77) appear
78) reminded
79) of
80) few
81) attractive
82) wheel
83) employee
84) disguised
85) accomplished
86) failed
87) accepted
88) care
89) moral
90) serves
91) vulnerable
92) companions
93) deficits
94) false
95) Reasoning
96) holds
97) so
98) that
99) distinguished
100) avoids
101) resemble
102) Other
103) recipients
104) violates
105) prominence
106) earliest
107) graduating
108) owned
109) unwilling
110) discrimination
111) drove
112) belonged
113) to
114) founded
115) merged
116) with
117) thrived
118) improvements
119) weapon
120) themselves
121) consume
122) interrupt
123) cause
124) result
125) another
126) including
127) once
128) hypothesis
129) eaten
130) toxic
131) concept
132) access
133) justify
134) advances

135) expanded
136) commercial
137) whether
138) enacted
139) photographed
140) brought
141) about
142) determined
143) consent
144) voluntarily
145) Although
146) spread
147) giving
148) up
149) circumstances
150) Coincidence
151) irrational
152) origin
153) ignorance
154) Glorious
155) obedience
156) widely
157) mysterious
158) intervention
159) Yet
160) divine
161) investigating
162) define
163) excuse
164) after
165) subsequent
166) External
167) integrate
168) degraded
169) reduced
170) confirm
171) less
172) Instead
173) fits
174) makes
175) sense
176) explicit
177) differently
178) led
179) to
180) misinformation
181) encountered
182) even
183) Correlations
184) clear
185) causality
186) likely
187) less
188) so
189) better
190) noticeable
191) therefore
192) condition
193) causal
194) illuminate
195) exist
196) same
197) hold
198) off
199) reason
200) wild
201) life
202) span
203) external

204) internal
205) why
206) no
207) longer
208) average
209) at
210) which
211) can
212) In
213) contrast
214) to
215) Thanks
216) to
217) better
218) longer
219) flee
220) Moral
221) habit
222) though
223) may
224) broadly
225) which
226) personality
227) Recent
228) stabilize
229) regardless
230) of
231) both
232) advantage
233) optimistic
234) accidental
235) interaction
236) changes
237) Generally
238) speaking
239) last
240) trend
241) notable
242) increased
243) But
244) shrinking
245) every
246) major
247) living
248) rise
249) overheating
250) rather
251) than
252) a
253) few
254) generations
255) random
256) possible
257) converting
258) lost
259) freedom
260) angles
261) fitting
262) which
263) conventional
264) entire
265) decide
266) focus
267) since
268) it
269) closer
270) ordinary
271) before
272) Introverted

273) do
274) extroverts
275) Although
276) splits
277) extroverted
278) barrier
279) reexamine
280) true
281) desire
282) others
283) common
284) key
285) retaining
286) adheres
287) achieve
288) rather
289) pays
290) off
291) developed
292) capture
293) adopt
294) destroyed
295) comprehensive
296) relatively
297) drive
298) expanded
299) influence
300) contrary
301) to
302) positive
303) tradeoff
304) more
305) some
306) in
307) fact
308) cooperative
309) social
310) demonstrate
311) toward
312) had
313) cooperative
314) which
315) other
316) reputations
317) responsibility
318) than
319) Similar
320) interaction
321) preferred
322) rated
323) perceived
324) Uncooperative
325) severe
326) clear
327) performers
328) those
329) audience
330) itself
331) physical
332) Perhaps
333) that
334) Some
335) incorporating
336) Whether
337) or
338) boost
339) engagement
340) uncomfortable
341) still
342) common
343) Typically
344) background
345) historically
346) What
347) very
348) presenting
349) closer
350) both
351) enhance
352) expressive
353) communicative
354) neighboring
355) conflict
356) serious
357) side
358) by
359) side
360) grew
361) exploded
362) exchange
363) knock
364) find
365) Looking
366) few
367) nothing
368) took
369) put
370) worse
371) block
372) materials
373) another
374) some
375) dropped
376) had
377) built
378) stretched
379) the
380) other
381) stood
382) leaving
383) invitation
384) isolation
385) nodded

Answer Keys

Quiz 1 Answers

1) ②
2) ⑥
3) ④
4) ②
5) ④
6) ⑤
7) ②
8) ④
9) ⑤
10) ④
11) ②
12) ④
13) ⑤
14) ②
15) ②
16) ④
17) ⑤
18) ③
19) ③
20) ②
21) ⑥
22) ③
23) ⑥
24) ④
25) ④
26) ⑤
27) ⑤
28) (B)-(A)-(C)
29) (B)-(C)-(A)
30) (C)-(D)-(B)-(A)
31) (C)-(A)-(B)
32) (A)-(C)-(D)-(B)
33) (B)-(C)-(A)
34) (D)-(A)-(C)-(E)-(B)
35) (A)-(B)-(C)-(D)
36) (B)-(A)-(C)
37) (B)-(A)-(C)
38) (B)-(D)-(A)-(C)
39) (B)-(A)-(C)
40) (A)-(C)-(B)
41) (A)-(C)-(B)-(D)
42) (B)-(A)-(C)
43) (D)-(E)-(C)-(B)-(A)
44) (C)-(A)-(B)-(D)
45) (C)-(A)-(B)-(D)-(E)
46) (C)-(A)-(B)
47) (C)-(A)-(B)
48) (D)-(E)-(B)-(C)-(A)
49) (C)-(A)-(D)-(B)

Quiz 2 Answers

1)
[정답] ③
[해설] sleepy ⇨ asleep

2)
[정답] ①
[해설] seating ⇨ sitting

3)
[정답] ④
[해설] gradationg ⇨ degradation

4)
[정답] ①

[해설] challenged ⇨ challenging

5)
[정답] ④
[해설] were contributed ⇨ contributed

6)
[정답] ③
[해설] it ⇨ them

7)
[정답] ⑤
[해설] depiction ⇨ deception

8)
[정답] ③
[해설] willing ⇨ unwilling

9)
[정답] ③
[해설] interrupt ⇨ interrupting

10)
[정답] ③
[해설] what ⇨ how

11)
[정답] ②
[해설] discovering ⇨ discovered

12)
[정답] ③
[해설] been degraded ⇨ degraded

13)
[정답] ③
[해설] what ⇨ which

14)
[정답] ④
[해설] what ⇨ which

15)
[정답] ⑤
[해설] pessimistic ⇨ optimistic

16)
[정답] ④
[해설] been discovered ⇨ discovered

17)
[정답] ①
possibly ⇨ possible

18)
[정답] ②
it ⇨ them

19)
[정답] ④
occurred ⇨ occurring

20)
[정답] ①
conceive ⇨ receive

21)
[정답] ④
[해설] led ⇨ leading

22)
[정답] ⑤
[해설] to leave ⇨ leaving

Quiz 3 Answers

1)
[정답] ①②③④⑤
[해설]
① During ⇨ While
② disrupting ⇨ being disrupted
③ sleepy ⇨ asleep
④ district ⇨ restrict
⑤ insistence ⇨ assistance

2)
[정답] ⑤
[해설]
⑤ banished ⇨ vanished

3)
[정답] ②③⑤
[해설]
② feeds on ⇨ feeds
③ gradationg ⇨ degradation
⑤ ensuring ⇨ ensure

4)
[정답] ②③④⑤
[해설]
② condemn ⇨ contend
③ offering ⇨ offered
④ during ⇨ while
⑤ touched ⇨ touching

5)
[정답] ①②③④⑤
[해설]
① acute ⇨ accurate
② that ⇨ which
③ set ⇨ were set
④ facilitating ⇨ facilitate
⑤ regular ⇨ irregular

6)
[정답] ①④
[해설]
① many ⇨ much
④ nearly ⇨ near

7)
[정답]
[해설]

8)
[정답] ①⑤
[해설]
① imminence ⇨ prominence
⑤ survived from ⇨ survived

9)
[정답] ①②⑤

[해설]
① presume ⇨ consume
② founded ⇨ found
⑤ damaged ⇨ damaging

10)
[정답] ②③⑤
[해설]
② what ⇨ how
③ that ⇨ whether
⑤ been adjusted ⇨ adjusted

11)
[정답] ①③④
[해설]
① them ⇨ it
③ under ⇨ beyond
④ revealing ⇨ revelation

12)
[정답] ③④
[해설]
③ more ⇨ less
④ creating ⇨ create

13)
[정답] ①②④
[해설]
① is ⇨ are
② absolutely ⇨ relatively
④ do ⇨ be

14)
[정답] ①③④⑤
[해설]
① is ⇨ are
③ what ⇨ which
④ are ⇨ is
⑤ them ⇨ it

15)
[정답] ①③④
[해설]
① despite ⇨ though
③ because ⇨ why
④ unstablize ⇨ stabilize

16)
[정답] ①②③④⑤
[해설]
① inhibits ⇨ inhabits
② which ⇨ whose
③ found ⇨ been found
④ is appeared ⇨ appears
⑤ raise ⇨ rise

17)
[정답] ①④
[해설]
① for ⇨ at
④ this ⇨ it

18)
[정답] ①②⑤
[해설]

① consumption ⇨ presumption
② cooperate ⇨ corporate
⑤ humiliation ⇨ humility

19)
[정답] ②③④⑤
[해설]
② adapt ⇨ adopt
③ flowlessly ⇨ flawlessly
④ allow ⇨ allowing
⑤ many ⇨ much

20)
[정답] ③④
[해설]
③ giving ⇨ to give
④ more ⇨ less

21)
[정답] ①③⑤
[해설]
① uncommon ⇨ common
③ If ⇨ Whether
⑤ are ⇨ is

22)
[정답] ④⑤
[해설]
④ waved ⇨ waving
⑤ to leave ⇨ leaving

Quiz 4 Answers

1)
[정답]
[해설]
① that ⇨ of
② During ⇨ While
④ sleepy ⇨ asleep
⑤ to bounce ⇨ bouncing

2)
[정답]
[해설]
③ for ⇨ at
⑧ banished ⇨ vanished

3)
[정답]
[해설]
① past ⇨ pest
③ contributing ⇨ distributing
④ dated ⇨ dating
⑤ create ⇨ to create
⑦ gradationg ⇨ degradation
⑧ suitable ⇨ sustainable
⑨ ensuring ⇨ ensure

4)
[정답]
[해설]
② that ⇨ which

③ to ⇨ with
④ condemn ⇨ contend
⑥ during ⇨ while
⑦ touched ⇨ touching

5)
[정답]
[해설]
① acute ⇨ accurate
② that ⇨ which
③ their ⇨ its
④ set ⇨ were set
⑤ were contributed ⇨ contributed
⑥ facilitating ⇨ facilitate
⑦ regular ⇨ irregular
⑧ planning ⇨ plan

6)
[정답]
[해설]
② this ⇨ it
③ many ⇨ much
⑮ accomplishing ⇨ accomplished

7)
[정답]
[해설]
③ allowing ⇨ allowed
⑤ superior ⇨ inferior
⑥ holding ⇨ holds

8)
[정답]
[해설]
① imminence ⇨ prominence
④ willing ⇨ unwilling
⑤ distribution ⇨ discrimination
⑥ was belonged ⇨ belonged
⑦ found ⇨ founded
⑧ survived from ⇨ survived

9)
[정답]
[해설]
② presume ⇨ consume
③ founded ⇨ found
④ interrupt ⇨ interrupting
⑤ fertility ⇨ infertility
⑥ resolved ⇨ been resolved

10)
[정답]
[해설]
⑤ that ⇨ whether

11)
[정답]
[해설]
⑤ revealing ⇨ revelation

12)
[정답]
[해설]
③ what ⇨ which

13)
[정답]
[해설]
① is ⇨ are
⑥ reselling ⇨ resold

14)
[정답]
[해설]
④ what ⇨ which
⑤ are ⇨ is
⑥ expalins about ⇨ explains
⑦ because ⇨ why
⑧ them ⇨ it

15)
[정답]
[해설]
② specifically ⇨ broadly
③ because ⇨ why
④ unstablize ⇨ stabilize
⑤ by ⇨ until
⑥ pessimistic ⇨ optimistic

16)
[정답]
[해설]
② inhibits ⇨ inhabits
③ which ⇨ whose
④ been discovered ⇨ discovered
⑤ found ⇨ been found
⑨ bigger ⇨ smaller

17)
[정답]
[해설]
① possibly ⇨ possible
⑥ is ⇨ are
⑦ which ⇨ where

18)
[정답]
[해설]
① consumption ⇨ presumption
② cooperate ⇨ corporate
③ therefore ⇨ however
④ it ⇨ them
⑥ containing ⇨ retaining
⑦ dated ⇨ dating
⑧ achieving ⇨ achieve
⑨ humiliation ⇨ humility

19)
[정답]
[해설]
① concisely ⇨ precisely
③ comprehensible ⇨ comprehensive
④ flowlessly ⇨ flawlessly
⑤ occurred ⇨ occurring

⑥ allow ⇨ allowing
⑦ many ⇨ much

20)
[정답]
[해설]
① conceive ⇨ receive
② to play ⇨ play
③ giving ⇨ to give
④ gave ⇨ were given
⑥ preferring ⇨ preferred
⑦ nonverbal ⇨ verbal

21)
[정답]
[해설]
① takes ⇨ take
③ uncommon ⇨ common
④ assess ⇨ access
⑤ prove ⇨ approval
⑥ If ⇨ Whether
⑦ led ⇨ leading
⑧ performing ⇨ being performed
⑨ are ⇨ is
⑩ closely ⇨ closer

Quiz 5 Answers

1) 통과의식, 3단어 - rite of passage // 눈 가리개 - blindfold // 공포 - dread // 존재 - presence // 안정 - stability
2) 비료 주기 - fertilizing // 문명 - civilizations // 중요한 - vital // 부족 - scarcity // 저하 - degradation // 종 다양성 - biodiversity
3)
(가) it is essential to find sustainable solutions to address the challenges facing agriculture and ensure the continued production of food and other agricultural products.
4) 인종 차별 - racism
5)
ⓐ
comfortable ⇨ uncomfortable
comfort ⇨ discomfort
similarly ⇨ otherwise
6) 정확한 - accurate // 정점 - peak // 촉진시키다 - facilitate
7)
(가) people had sun or water clocks, which did not play any meaningful role in business activities.
(나) Important town meetings began to follow the pace of the clock, allowing people to better plan their time and allocate resources in a more efficient manner.
8) 발명하다 - invented // ~에도 불구하고, 3단어 - in spite of // 설득하다 - persuade // 꺼리는 - reluctant // 전환점, 2단어 - turning point // 위장한 - disguised
9)
ⓐ

reminding ⇨ reminded
to ⇨ of
more ⇨ even

10)

(가) It was an excellent device that would make it easy for shoppers to buy as much as they wanted without getting tired or seekingothers' help.

11) 비평가 - critics // 비난하다, c로 시작 - charge // 도덕적인 - moral // 위험, h로 시작 - hazards // 치매 - dementia

12)

ⓐ
fooling ⇨ fooled
thought ⇨ thinking
superioir ⇨ inferior
Reasoned ⇨ Reasoning
sophisticated ⇨ unsophisticated

ⓑ
resemble to ⇨ resemble
deceived ⇨ are deceived

13)

(가) Even if deception is sometimes allowed when it serves worthy goals, should it be allowed for vulnerable users?

14) 명성 - prominence // 차별 - discrimination // 자선 단체, 2단어 - charitable organization // 설립하다 - founded

15) 과다 - overload

16)

ⓐ
them ⇨ themselves
they ⇨ we

17)

(가) lectins, once eaten, may be damaging the gut and travelling to the brain, where they appear to be toxic to dopaminergic neurons

18) 동의 - consent // 감시 - surveillance

19)

ⓐ
photographing ⇨ being photographed
its ⇨ their
re-affirming ⇨ re-affirmed

20)

(가) The fact that someone has a new ability to access information or watch the actions of another does not justify doing so.

(나) giving up the right not to be observed in these circumstances causes less harm to the community than failing to have surveillance.

21) 문맥상 들어갈 단어 - Coincidence // 비이성적인 - irrational // 무지 - ignorance // 복종 - obedience

22)

ⓐ
miracles ⇨ mysterious
mysterious ⇨ miracles
grasping ⇨ to grasp

23)

(가) The miracle, then, is the excuse of those who are too lazy to think.

24) 마주하다 - encountered // 이후의 - subsequent

25)

ⓐ
encoding ⇨ encoded
close ⇨ distant
many ⇨ reduced
which ⇨ with which
reject ⇨ be rejected

ⓑ
conscious ⇨ unconscious
with ⇨ without
encounter ⇨ be encountered

26) 문맥상 들어갈 단어 - causality // 예측하다 - predict // 결함 - defects // 애호가 - enthusiasts

27)

ⓐ
more ⇨ less
casual ⇨ causal
more clear ⇨ cloudier

28)

(가) So we would do well to hold off from trying to explain the reason behind the correlations.

29) 유전적인 - genetic

30)

ⓐ
internal ⇨ external
external ⇨ internal

31)

(가) In contrast to mice, bats can fly, which is why they can escape from danger much faster.

32) 도덕적인 - Moral // 유전적인 - genetic // 성분 - component // 안정화되다 - stabilize // 신경해부학적으로 - neuroanatomically

33) 종 - species // 미세하게 조정된 - fine-tuned // 변동 - fluctuations // 바다의 - marine // 축소되는 - shrinking

34)

ⓐ
less ⇨ more
bigger ⇨ smaller

35) 지름길 - shortcut // 이후에 - afterwards

36)

(가) But much as converting a digital image or song into a smaller file results in loss of data, information is lost when sampling.

(나) As a result, the information is more "reuseable" than ordinary pictures, where the photographer has to decide what to focus on before she presses the shutter.

37) 고정관념 - stereotype

38)

(가) Introverted leaders do have to overcome the strong cultural presumption that extroverts are more effective leaders.

(나) Such leaders do not seek attention but rather want to shine a light on others' wins and achievements

39) 정확하게 - precisely // 포괄적인 - comprehensive // 흠 없이 - flawlessly // 부정확성 - imprecision // 대가 -

tradeoff // 들어갈 문장, 5단어 - more is greater than better
40) 협력적인 - cooperative // 증명하다 - demonstrate // 평판 - reputations // 책임감 - responsibility // 바람직한 - desirable // 언어적인 - verbal
41) 구분 - distinction // 수동적인 - passive // 비유적으로 - metaphorically
42)

(가) The performance space itself may further reinforce the distinction with a physical separation between the stage and audience seating.

(나) Performers who are uncomfortable leading audience participation can still connect with the audience simply by giving a special glimpse of the performer perspective.

(다) What may be of more interest to audience members is background information about the very performers who are onstage